디지털
테라포밍

디지털 테라포밍

새로운 디지털 대륙, 미래는 메타버스에서 시작된다

초판 1쇄 인쇄 2021년 12월 21일
초판 1쇄 발행 2021년 12월 30일

—

지은이 백승희 · 이나래
펴낸이 이방원
편 집 정우경 · 송원빈 · 김명희 · 안효희 · 정조연 · 조상희
디자인 양혜진 · 손경화 · 박혜옥   **마케팅** 최성수 · 김 준

—

펴낸곳 세창미디어
　　　　신고번호 제2013-000003호　주소 03736 서울시 서대문구 경기대로 58 경기빌딩 602호
　　　　전화 02-723-8660　팩스 02-720-4579　이메일 edit@sechangpub.co.kr　홈페이지 http://www.sechangpub.co.kr
　　　　블로그 blog.naver.com/scpc1992　페이스북 fb.me/Sechangofficial　인스타그램 @sechang_official

—

ISBN　978-89-5586-713-8　03320

DIGITAL
TERRAFORMING

디지털
테라포밍

백승희 · 이나래 지음

새로운 디지털 대륙,
미래는 메타버스에서 시작된다

세창미디어 MEDIA

추천의 글

백승희, 이나래 두 젊은 박사의 『디지털 테라포밍: 새로운 디지털 대륙, 미래는 메타버스에서 시작된다』 출간을 진심으로 축하드린다. 과학기술정책과 미래학을 전문으로 하고 있는 나에게는 너무나 시의에 맞는, 또 핵심을 짚어 주는 이 책이 정말로 소중하다. 미래를 기회와 도전의 장으로 삼고 살아가야 할 우리 모두에게, 이 책은 무엇을 보고, 무엇을 준비하고, 무엇에 대비해야 하는지를 파노라마처럼 펼쳐 보여 준다.

가상현실VR과 증강현실AR이 실험실 문을 열고 우리 실생활에 나온 지가 얼마 되지 않았는데, 지금은 온통 메타버스의 마력 속에 살고 있다. 정부, 기업, 학교, 문화예술계 등 누구나 메타버스 이야기를 하고, 메타버스가 만들어 낼 세계를 각자 나름대로 그리고 있다. 그러나 아직도 메타버스는 이공학 전공자들의 영역으로 치부되는 것이 일반적이다.

저자들은 여기에 안주하지 않고, 적극적으로 메타버스가 만들어 갈 우리의 미래 일상을 설계하며, 그 지향점을 제안한다. 메타버스 구성 기술과 요소들을 살펴보면서, 이를 어떻게 적절히 활용해 우리의 미래 욕구를 해결할 수 있을지를 고민한다. 저자들이 이렇게 우리의 고민을 대신해 주고 있기에 우리는 그저 편하게 메타버스 세상을 기다리고 있는지 모른다. 이러한 저자들의 노력이 응축된 이 책이 소중하고 값진 이유다.

무엇보다도 이 책을 끝까지 읽어야 할 이유! 그것은 미래 메타버스의 세상을 보고 이해하는 데서 나아가 그 한계를 알고, 대비하고, 준비하기를 권유하는 필자들의 충고를 발견하기 위해서다. '미래는 준비하는 자의 몫'이라는 진리를 따라 우리의 의지로 준비해 나간다면 메타버스는 우리 자신의 것이 될 것이다. 강렬한 메시지를 가진 이 책을 읽고 같이 토론하기를 적극 추천한다.

박영일(이화여자대학교 융합콘텐츠학과 교수, 제23대 과학기술정보통신부 차관)

실제 현실과 가상세계가 긴밀하게 연결된 '메타버스'의 시대가 열리고 있다. 인터넷을 기반으로 하는 온라인 정보통신 기술의 발달이 21세기 인류에게 전혀 새로운 기회의 세상을 열고 있다. 지구촌의 인류가 물리적 공간과 시간의 제약을 훌쩍 뛰어넘어 다양한 콘텐츠를 함께 생산하고, 함께 소비하고, 함께 향유한다. 무한한 공간에서 시간과 비용을 걱정하지 않고 어디에나 갈 수 있고, 누구라도 만나서 교류한다.

메타버스의 세상에서는 전통적인 생산자와 소비자의 구분이 사라진다. 모두가 생산자producer이면서 동시에 소비자consumer이기도 한 프로슈머prosumer가 되는 진정한 공유의 경제가 대세로 자리를 잡게 된다. 메타버스의 세상에서는 보수와 진보로 구분되는 정치적 이념의 벽도 사라지고, 치열하게 패권을 다투도록 만드는 국경의 장벽도 허물어지고, 부당한 차별과 소외를 촉발하는 기득

권도 의미가 없어진다. 산업혁명으로 시작된 자유와 평등을 기반으로 하는 민주주의가 마침내 역사상 최고의 절정을 향해 치닫게 된다는 뜻이다.

메타버스 열풍은 이미 뜨겁게 달아오르고 있다. 글로벌 공룡 기업들이 메타버스에 대한 투자를 아끼지 않고 있다. 누구나 손쉽게 획득하고, 활용할 수 있는 정보의 홍수 속에서 등장하는 새로운 틈새를 찾아내야만 한다. 현실의 세계에 존재하는 '나'와는 같으면서도 다르기도 한 새로운 '나'의 존재를 추구하도록 하는 것이 성공적인 메타버스 투자의 열쇠가 될 것이다. 욕망의 동물인 인간이 추구하는 미래에는 한계가 없다.

이덕환(서강대학교 화학·과학커뮤니케이션학과 명예교수)

온라인과 스마트폰에 익숙한 MZ세대가 사회의 주류로 성장하고, 글로벌 팬데믹의 영향으로 현실에서의 활동이 제약을 받으면서 바야흐로 전 세계가 메타버스를 주목하고 있다. 과거 게임이나 소셜미디어를 통해 일상의 일부를 가상공간에 투자하던 시대에서, 이제는 현실과 가상세계가 직접 연결되고 하나의 삶을 이루는 시대가 도래한 것이다.

매일 아침 뉴스에 메타버스가 등장하는 요즘, 우리에게 정말 필요한 것은 미래 가상사회가 가져올 거창한 비전이나 첨단 기술에 대한 이해가 아니라, 메타버스 사회에서 내일을 살아갈 나와 내 가족들의 삶을 즐겁고 풍요롭게 만드는 방법이다. 이 책은 그 방법을 찾는 좋은 지침서가 될 것이다.

노정환(네오플 대표이사)

메타버스는 5G 상용화에 따른 정보통신기술 발달과 코로나19 팬데믹에 따른 비대면 추세 가속화로 점차 그 영역을 넓혀 가고 있다. 메타버스는 잠시 나타나는 단순한 현상이 아닌, 또 다른 현실이 될 것이다.

최근 금융권에서도 메타버스를 활용하여 새로운 도약을 준비하고 있다. 금융 분야에서는 시대의 흐름을 적극적으로 반영하여 고객들에게 편리한 맞춤형 금융 서비스를 제공할 예정으로 그 중심에는 메타버스가 있다.

이 책은 새롭게 다가온 우리의 현실을 깨닫게 해 주면서 앞으로 미래를 대비하기 위해 준비해야 할 사항들을 제시해 주었다. 이 책이 4차 산업혁명이라는 새로운 시대를 준비하는 사람들에게 매우 유익한 도움이 될 것이라 판단한다.

홍석표(사단법인 전국퇴직금융인협회 회장)

이제 우리는 이전과는
완전히 다른 삶을 살게 될 것이다

우리는 언제부터인가 인터넷을 통해 시간과 장소에 구애받지 않고 원하는 정보를 검색하고 원하는 사람과 연락할 수 있게 되었다. 정보통신망의 발달로 누구나 인터넷 접속이 가능한 휴대폰을 소지하고 있어 이동하면서도 언제 어디서든지 필요한 지식을 찾는 것이 가능해졌다. 이메일을 통해 실시간으로 편지 등을 주고받을 수 있으며, 멀리 해외에 있는 지인들과 화상통화도 가능해졌다. 이제 인터넷이 없는 삶은 문명에서 벗어나 혼자 무인도에 떨어져 있는 것처럼 고립된 느낌이 들 것이다.

코로나로 인해 생활의 모습은 매우 달라졌다. 교통수단이 발달함에 따라 국가 간 이동이 자유로워졌지만 코로나바이러스도 전 세계로 전파되었고, 이러한 팬데믹 상황이 언제 종료될지 아무도 예측하지 못하고 있다. 전 세계가 하나로 연결된 글로벌 시대는 우리에게 다양한 편리함을 주기도 하였지만 한편으로 한 국가에서 발생한 문제를 더 이상 해당 국가의 문제만이 아닌 모두의 문제로 변화시켰다. 즉 전 세계가 부정적인 점도 함께해야 하는 운명 공동체가 된 것이다.

현재는 사람의 호흡으로 전파되는 이 바이러스를 피하기 위해 각 분야에서 사람 간의 접촉을 최소화할 수 있는 다양한 온라인 프로그램이 사용되고 있다. 시설과 회사들도 필수인력을 제외하고는 재택근무를 실시하고 있으며, 학교와 종교시설은 비대면 수업과 예배를 진행하고 있다. 이에 따라 온라인상의 한계를 극복하기 위한 다양한 기술과 이를 활용한 프로그램이 개발되는 중이다.

영화 〈스타워즈〉처럼 시공간을 초월하여 원하는 곳으로 이동 가능한 시대가 올까? 사람 간의 만남이 제한된 현재, 사람들은 생활에서 직접적으로 만나지 않더라도 서로 오감을 전달할 수 있기를 바란다. 그리고 만약 이러한 기술이 개발된다면, 코로나가 종식된다고 하더라도 사람들은 이 대체적인 만남을 선택할 것이 분명하다. 이동을 위한 시간과 비용 절감이 가능하기 때문이다.

최근 5G 기술의 상용화로 초고속, 초연결이 더욱 가속화됨으로써 가상현실VR과 증강현실AR, 혼합현실MR이 자연스럽게 대두되고 있다. 실제 현실과 가상현실의 경계가 허물어지는 지금 메타버스는 필연적으로 나타날 수밖에 없는 현상이다. 아직은 익숙하지 않지만, 과거 전쟁을 위해 핵무기 전문가들이 개발한 원자력발전소가 핵심 에너지 기술이 되어 안정적인 전기공급에 지속적으로 사용되고 있듯이 이 새로운 기술도 발전하고 진화되어 새로운 세상을 만들어 갈 것이다.

메타버스가 가져올
달라진 우리의 일상

아침 7시 반이다. 몽롱한 정신을 깨기 위해 화장실로 가 세수를 하고 토스터에 식빵을 구워 간단히 식사를 마친 뒤 출근 준비를 한다. 옷방으로 가 신체 움직임이 그대로 화면에 전달되는 센서가 부착된 수트를 입고 VR 햅틱 장갑과 VR 글라스를 착용한 후 서재로 간다. 컴퓨터로 계정 아이디를 입력하여 회사 메타버스 플랫폼에 접속한다. 곧 VR 글라스의 화면이 회사 사무실로 바뀌면서 책상 위에 놓여 있는 오늘의 일정표가 보인다. 부지런한 직원 몇몇은 이미 접속하여 업무를 시작하고 있다. 동료들 아바타에 다가가 인사를 하고 주말 가족 나들이에 대한 가벼운 대화를 나눈다. 이들이 바라보고 있는 책상 위의 화면을 보니 오늘 중요한 회의에 발표할 자료를 다듬고 있었다. 회사 핵심프로젝트로 새로 개발하는 제품이 샘플로 완성되어 제품개발팀에서 회사 내에 공개할 예정이다. 친한 동료가 오전에 있을 부서회의에서 전 직원에게 3D 채팅창으로 공유할 예정이라고 한다.

팀장이 출근했다. 팀원들과 간단한 인사를 마치자마자 전체회의를 진행할 예정이라는 공지가 화면에 띄워지며 회의룸 접속링크가 첨부

되었다. 한 직원의 아바타가 팀장의 아바타로 다가가 같은 시간에 진행 중인 사업미팅이 있다고 하며 회의불참에 대한 양해를 구하는 것이 텍스트로 보인다. 팀장은 회사 내 주요규정 발표가 있을 예정이니 미팅이 끝난 후 녹화된 회의 비디오를 보고 체크하라고 일러둔다.

채팅창에 안내된 회의룸 접속링크를 클릭하자 팀 구성원뿐만 아니라 일부 임원들의 아바타도 보인다. 회의자료가 화면 위에 띄워지고 발표하는 아바타들의 표정이 실제 얼굴과 겹치면서 클로즈업된다. 이번에 새로 나온 제품은 지난 버전보다 표면이 부드러워졌다고 한다. 시연을 요청하니, 모니터 옆으로 제품이 뜬다. VR 햅틱 장갑으로 만져 보니 확실히 부드러워진 버전이 고객들의 니즈를 충족할 것 같다. 회의가 끝난 후 아바타를 이동하여 계약 담당부서의 김 대리에게 찾아간다. 이번 주 내로 발주해야 할 용역 건이 있는데 예산항목이 적정한지 물어보기 위해서다. 김 대리에게는 발주계획서를 이틀 전에 채팅창으로 전달하고 검토를 부탁했었다. 김 대리는 바로 확인을 했는지 세부사항에 대해 설명을 해 주며 수정을 요청하였다.

어느덧 점심시간이다. 착용하고 있던 VR 글라스를 벗고 센서 전원을 끈다. 주방으로 가 냉장고의 점심거리를 꺼내 간단히 요리하고 이제 막 어린이집에서 돌아온 아들과 함께 식사를 한다. 아들은 집에서 약간 떨어진 동네에 위치한 어린이집을 다니고 있다. 온라인과 오프라인 교육을 동시에 진행하기에 오전에는 등원을 하고 오후에는 집에서 미국에 있는 원어민 선생님과 영어로 수업을 한다. 거리상 입학하기가 어려운 곳이지만 어린이용 VR 햅틱과 VR 글라스가 출시된 덕분에 수월히 등록할 수가 있었다. 오늘 어린이집에서 있었던 일을 물어보며 식사를 마친 후, 주방정리를 하고 쓰레기도 버릴 겸 아파트를 한 바퀴 산책하고 집으로 돌아온다. 시계를 보니 어느덧 1시 30분, 오후 업무 시작 시간이다. 집에 사다 놓은 원두로 커피 한 잔을 내려 서재로 들어간다. 다시 전원을 켜고 화면에 접속하여 업무를 시작한다.

상상을 기반으로 만든 이야기이지만 현실과 완전히 동떨어진 것만은 아니다. 일부는 현재 우리에게 일어나고 있는 현실이며, 다른 것들도 머지않아 우리가 마주할 미래이다. 이 이야기를 그려 나가고 있는 현실은 '메타버스'이다. 메타버스를 구성하는 기술들은 매우 다양하며 현재도 새로운 기술들이 메타버스에 계속 적용되고 있다.

'메타버스'는 우리의 일상을 어떻게 변화시킬까? 우리는 변화의 중심에서 무엇을 알아야 할까? 변화하는 시대에 여유롭게 대처하기 위해서는 메타버스를 둘러싼 기본적인 요소들을 이해해야 한다. 메타버스는 새로운 개념이 아니다. 인지하지 못했지만 이미 우리가 사용하고 있었던 것이기도 하다. 이 책을 통해 메타버스와 이에 관한 다양한 사회적 현상들을 알아 감으로써 미래의 변화를 두려워하기보다는 주도적으로 활용하며 생활할 수 있기를 바란다.

1장

우리가 알아야 할 세상,
메타버스

메타버스는 새로운 것이 아니다. 이전부터 우리에게 존재해 오던 개념이자 우리가 사용하고 있었던 기술이다. 시간이 지나 현재 메타버스가 사회 전체적으로 중요하게 대두되고 있는 원인은 매우 다양하다. 국가 간 경계가 없어져 버린 시대에 현실적인 제약을 극복하기 위한 사회적인 필요성과 사람들의 욕구를 충족하기 위한 활동들이 합쳐지면서 메타버스는 지금도 계속 발전하고 있다.

앞으로 우리의 삶에서 중요한 영역을 차지할 메타버스를 알기 위해 이 장에서는 과거 메타버스의 개념이 어떻게 탄생하게 되었으며 메타버스가 무엇으로 구성되어 있는지, 이로 인해 앞으로 어떠한 세상이 열릴 것인지를 살펴보고자 한다.

1.
메타버스의 탄생

메타버스란
무엇일까?

정보통신 기술이 발달하면서 원격회의, 원격수업 등과 같이 간접적으로 사람을 만나 주요 일정을 진행하는 활동이 하나의 일상으로 자리 잡았다. 지난 2년간 전 세계로 전파된 코로나바이러스는 이러한 현실을 가속화하여 비대면 시대로 접어들게 하였다. 정치와 경제, 교육, 문화 등 각각의 분야에서는 다양한 방법과 수단을 동원하여 일상이 정지되지 않도록 여러 가지 방안을 마련하고 있다. 이에 따라 메타버스가 현실을 대체할 수 있는 하나의 공간으로 급부상하게 되었다. 현실에서 진행하던 일들을 온라인 공간에서 그대로 재현해 제약적인 상황을 극복해 나가고 있는 것이다. 그렇다면 메타버스란 무엇일까?

메타버스Metaverse란 가상, 초월을 의미하는 '메타Meta'와 현실세계를 의미하는 '유니버스Universe'의 두 단어가 합쳐진 용어로 3차원 가상세계를 의미한다. 메타버스는 두 개의 단어가 의미하듯이 현실과 가상이 공존하는 세계이다.

'메타버스'라는 용어는 미국의 소설가 닐 스티븐슨Neal Stephenson이 1992년 출판한 SF 장편소설『스노 크래시Snow Crash』에서 처음 사용되었다. 이 소설에는 메타버스뿐만 아니라 아바타, 세컨드 라이프 등의 용어가 등장하는데 현실에서 발생한 일들을 가상의 공간에서 해결해 나가는 주인공의 모습을 그리고 있다. 소설에 제시되어 있듯이 메타버스는 자신을 대신할 수 있는 아바타를 통해 일상처럼 활동할 수 있는 3차원 가상세계를 의미한다. 이는 오락적인 목적도 있지만 최근 업무와 교육 등 일상생활을 유지하기 위한 목적으로 구축되면서 더욱 범용적으로 이용되고 있다. 즉 메타버스는 현실과 같은 세계를 온라인상의 가상세계에 구현한 것이라고 할 수 있다.

『스노 크래시』
출처: 닐 스티븐슨, 『스노 크래시』, 1, 남명성 역, 문학세계사

『스노 크래시』 안의
가상세계

　메타버스의 근원이 되는 소설 『스노 크래시』는 현재까지도 메타버스 플랫폼 개발에 많은 영감을 주고 있다. 3D 게임인 세컨드 라이프도 이 소설에서 영감을 얻었으며, 영상 지도 서비스인 '구글 어스'도 이 소설을 읽은 구글 창립자에 의해 개발되었다. 저자인 닐 스티븐슨은 『뉴욕타임즈』의 베스트셀러 작가로, 『스노 크래시』를 발표하면서 본격적으로 SF 소설을 쓰기 시작하였다. 그는 이 소설에서 메타버스의 형태와 디지털 기기를 통한 가상세계 접속의 과정을 구체적으로 묘사하고 있다.

　"양쪽 눈에 서로 조금씩 다른 이미지를 보여 줌으로써, 삼차원적 영상이 만들어졌다. 그리고 그 영상은 일 초에 일흔두 번 바뀌게 함으로써 그것을 동화상으로 나타낼 수 있었다. 이 삼차원적 동화상을 한 면당 이 킬로픽셀의 해상도로 나타나게 하면, 시각의 한계 내에서는 가장 선명한 그림이 되었다. 게다가 그 작은 이어폰을 통해 디지털 스테레오 음향을 집어넣게 되면, 이 움직이는 삼차원 동화상은 완벽하게 현실적인 사운드트랙까지 갖추게 되는 셈이었다. 그렇게 되면 히로는 이 자리에 있는 것이 아니었다. 그는 컴퓨터가 만들어 내서 그의 고글과 이어폰에 계속 공급해 주는 가상의 세계에 들어가게 되는 것이었다.

컴퓨터 용어로는 메타버스라는 이름으로 불리는 세상이었다."

—소설 『스노 크래시』 부분

현재 일부 기업에서는 이 소설에서 묘사된 것처럼 인터넷이 연결된 안경을 통해 3차원의 공간에 접속할 수 있도록 메타버스를 구현하고 있다.

닐 스티븐슨은 과학적인 논리를 기반으로 한 디테일한 묘사로 현실에는 존재하지 않는 기술들을 매우 구체적으로 표현하였다. 실제로 그는 이 소설이 발간된 이후 다양한 기술개발 기업의 자문 역을 진행하였다. 대표적으로 우주 탐사 기업인 '블루 오리진'과 AR, VR 기술이 접목된 디스플레이 개발 기업인 '매직 립Magic Leap'의 최고 임원을 맡아 구체화된 미래사회를 제시하고 개발된 기술을 미래에 사용할 수 있도록 연구자들에게 조언하였다. 소설 속에 그려진 과학적 상상력이 현실로 만들어지고 있는 것이다.

소설의 제목인 『스노 크래시』는 컴퓨터 내에 존재하는 바이러스를 지칭하는 것으로 소설은 주인공이 바이러스를 퇴치하는 과정을 그리고 있다. 바이러스를 통해 세상을 통제하려는 자와 그것을 막으려는 주인공의 대립 구도로 스토리가 전개된다. 소설 속 주인공은 현실에서는 피자배달을 하는 평범한 사람에 불과하다. 그러나 가상공간에서는 컴퓨터 바이러스의 암호를 해독하기 위해 고민하고 재앙을 일으키려는 악당과 전쟁을 하는 용감한 전사이다. 주인공은 현실에서의 제약으로 실현하지 못한 이상적인 삶을 가상공간에서 마음껏 펼치며 현실보다 더욱 생동감 있게 살아간다. 이 소설에는 공교롭게도 현재 중시되고 있는 4차 산업혁명 시대를 이끄는 주요 기술에 관한 개념이 설명되어 있는데 소설이 90년대 초반에 나온 것을 고려하면 하나의 예언서라 생각될 정도로 놀랍다.

예로 소설 안에는 빅데이터와 관련된 장면이 등장하는데, 인류가 축적해 놓은 방대한 자료가 저장된 데이터베이스에서 등장인물들이 필요한 정보를 얻을 수 있는 기술이 묘사된다. 또한 상술한 것처럼 주인공이 현실과 다른 모습으로 살아가는 가상공간을 지칭하는 메타버스와, 주인공의 모습을 대체하는 아바타라는 용어가 처음으로 나타난다. 메타버스의 현재 상황이 그대로 서술되어 있는 것이다. 한편 소설 속 주인공의 어머니가 한국인이라는 설정은 정보통신 선진국에 살고 있는 우리가 눈여겨볼 만한 설정이다. 메타버스를 구현하기 위해서는 5G, IoT와 같은 통신 인프라가 뒷받침해 주어야 하므로 IT 강국인 우리나라가 소설 속에 묘사되어 있다는 점이 상징적으로 느껴진다. 즉 이 소설은 이전에 존재하지 않던 가상세계의 개념을 대중에게 소개함으로써 메타버스와 관련된 다양한 기술을 상징적으로 설명하는, 현재 메타버스의 근원이 되는 작품이라 할 수 있다.

2.
이미 우리와 함께하고 있는 메타버스

메타버스는 갑자기 나타난 새로운 개념이 아니다. 우리가 생활하면서 사용하고 접했던 온라인 플랫폼들이 메타버스의 원조이다. 인터넷 통신망이 발달하면서 개설되었던 소셜 네트워크 서비스SNS 계정과 인터넷 게임들에 이미 메타버스의 초기 모습이 반영되어 있다. 아직까지 메타버스 개념이 학술적으로 명확하고 구체적으로 정의되지는 않았지만, 대표적인 특징을 살펴보면 다음과 같다. 메타버스는 현실에서 일어나는 일들뿐만 아니라 실현하지 못하는 일들을 '나'를 대표하는 가상인물을 통해 온라인 공간 속에서 체험하면서 또 다른 자아를 구축하고 다른 사람들과 교류하며 현실을 대체하는 공간이다.

우리의 일상을 온라인상에 기록하거나 나를 대표하는 캐릭터를 활용하여 온라인 게임세계 속에서 탐험을 하고 다른 게이머들과 채팅을 하는 것 등은 메타버스의 다양한 기능 중 하나이다. 새로 개발된 기술이 메타버스에 접목되고 많은 기업들이 다양한 목적으로 활용하면서 우리는 점차적으로 가상과 현실의 경계에서 자유로워지고 있다. 앞으로 메타버스는 다수의 이용자가 참여하면서 더욱 편리하고 유용하게 사용되도록 진화할 것이다.

시간이 지날수록 사람들이 메타버스에 모이는 이유는 이것이 우리에게 완전히 낯선 새로운 기술이 아니기 때문이다. 현재 개발되어 있는 메타버스 플랫폼들을 살펴보면 인터넷이 대중화되면서 나타났던 다양한 SNS와 게임들에 새로운 기능을 부여한 공간이 많다.

한 연구에서는 메타버스의 유형을 게임, 소셜, 생활 산업 기반으로 분류하였는데 이는 기존 온라인 서비스의 목적과도 같다.

SNS인 싸이월드는 사회적 교류 목적으로 사용되었으며, 온라인

◑ 메타버스의 유형

유형	정의
게임 기반 메타버스	모바일, PC, 콘솔용 게임을 기반으로 탄생한 메타버스
소셜 기반 메타버스	소셜미디어 형태의 모바일 앱에서 출발하여 소통, 모임, 쇼핑, 게임 등이 가능한 메타버스로 발전한 형태
생활 산업 기반 메타버스	가상융합기술이 접목된 디바이스(인터페이스)를 이용하여 운동, 교육, 시뮬레이션, 훈련 등을 목적으로 성취, 레벨, 경쟁, 보상 등 게임적 요소를 접목하여 활동에 동기 부여

출처: 고선영·정한균·김종인·신용태(2021)

2. 이미 우리와 함께하고 있는 메타버스

게임인 심즈는 오락 목적으로 사용되고 있다. 각각 매체들의 기능은 진보된 기술과 함께 현재의 메타버스로 통합되어 시대적 요구에 맞게 사용되고 있다. 따라서 아래에서 각각의 매체들을 통해 현재 메타버스가 제공하고 있는 다양한 기능적 요소와 사람들이 그 안에서 발견한 가치를 엿보고자 한다. 메타버스를 묘사한 SF 영화 〈레디 플레이어 원〉에는 메타버스가 대중화된 미래의 사회가 매우 잘 묘사되어 있으므로 생활 산업 기반 측면에서 함께 살핀다.

싸이월드 Cyworld

1999년 미니홈페이지 서비스를 시작하였던 싸이월드는 과거 우리가 경험했던 메타버스의 일종이라고 할 수 있다. 개인별로 제공되는 홈페이지 안에 사진과 글을 게재하여 개인의 일상을 다른 사람과 공유할 수 있었으며, 메인 화면에 게시되는 미니룸을 아바타를 비롯한 다양한 이모티콘을 구매하여 꾸밈으로써 개인의 감정과 일상을 표현할 수도 있었다. 싸이월드는 온라인 머니인 도토리를 현금으로 사거나 다른 이용자에게 선물할 수 있게 하고 BGM, 즉 배경음악을 구매하게 하는 등 수익모델을 창출하였다. 이로써 이용자들이 자신만의 홈페이지인 미니룸을 더욱 다양한 스타일로 꾸미게 되었다. 그러나 모바일 환경에 최적화된 페이스북과 인스타그램 등의 SNS가 나타나면서 싸이월드는 사양길에 접어들게 되었다.

경영상의 문제로 2020년 공식적으로 폐업했던 싸이월드는 새로운 기술을 도입하여 시스템을 정비하고 회원들의 데이터를 복구하는

CYWORLD

싸이월드

등 리뉴얼 작업을 통해 다시 오픈을 준비 중에 있다. 과거 2D 미니룸은 증강현실과 가상현실 기술을 사용하여 3D 미니룸으로 재탄생할 예정이며, 싸이월드 화폐인 '도토리' 결제시스템은 가상화폐(코인)시스템을 도입하여 미니홈페이지 내 아이템뿐만 아니라 GS25 리테일 상품을 살 수 있도록 사용처를 확장할 예정이다.

기존 싸이월드 이용자들은 미니미라고 불리는 아바타를 자신의 대체인물로 설정하여 다양하게 꾸밈으로써 즐거움을 느낄 수 있었다. 또한 미니홈페이지 메인의 미니룸을 인테리어 소품을 활용해 개인이 생활하는 모습이나 원하는 모습으로 표현할 수도 있었다. 이 미니룸에 표현된 상태를 통해 방문자들은 그 사람의 일상이나 추구하는 삶 등을 추측할 수 있었다. 사람들이 싸이월드를 적극적으로 이용했던 이유는 사진첩 등의 여러 카테고리에 개인의 사생활을 공유하면서 사람들과 소통할 수 있었기 때문이다. 미니룸을 비롯한 가상의 공간을 또 다른 자신의 공간으로 인식하고 그 안에서 일상을 공유했던 셈이다. 자신의 실제 모습을 투영한 미니미를 만들고 이를 꾸밈으로써 현실과 비슷하지만 새로운 자신의 모습을 발견하는 온라인상의 개인 공간은, 현재의 메타버스가 이용자들에게 제공하는 또 하나의 유희이기도 하다. 메타버스 역시 싸이월드가 초기에 추구하던 '나의 일상을 만들어 가는 온라인 세상'을 추구하며 그 안에서 나의 존재감을 확인하게 한다.

심즈 The Sims

심즈는 2000년 미국에서 출시된 게임으로 개발사 맥시스가 제작한 최초의 생활 시뮬레이션 게임이다. 생활 시뮬레이션 게임이란 사람의 생활을 온라인상에서 재현한 게임을 의미한다. 심즈는 현재 시리즈 4까지 개발되어 운영 중으로 최초에 마이크로소프트 윈도우 버전으로 출시되었으나 플레이스테이션 등의 콘솔 버전으로도 개발되었다. 심즈에서는 심Sim이라는 아바타를 외모와 성격 등을 선택하여 만들 수 있으며, 심을 가지고 가족을 구성하고 집을 꾸미는 등의 활동을 제공한다. 아바타의 외모를 상당히 섬세하게 설정할 수 있어 최근에는 연예인 닮은 심을 만드는 대회가 개최되었을 정도이다. 사람들은 미세한 표정까지 표현이 가능한 자신의 캐릭터를 플레이하면서 다양한 감정을 표현하고 일상생활을 시뮬레이션하게 된다.

더불어 플레이어들은 다른 심과의 관계나 과업 등의 다양한 목표를 추진하면서 심을 움직일 수 있다. 따라서 심즈에서 만난 다양한 캐

심즈(2013)

릭터들과 상황에 맞는 대화를 나누며, 지속적으로 관계를 형성할 수도 있다. 또한 현실에서와 마찬가지로 2세를 낳을 수도 있으며, 이를 통해 처음 만든 심이 죽더라도 자식을 통해 게임을 지속시킬 수 있다. 이러한 지속적인 상황설정과 관계를 통해 게임 내에서 사이버 커뮤니티를 형성하여 하나의 온라인 사회까지도 형성할 수 있다.

최근 진화된 심즈의 활용을 살펴보면 사용자는 자신의 아바타인 심을 설정하여 의도한 대로 플레이할 수 있고 이것이 하나의 구조화된 이야기를 갖게 되면 짧은 상황 구현도 가능해진다. 따라서 최근 10대들 사이에서는 시나리오를 기반으로 다양한 심을 등장인물로 구성하여 제작한 웹드라마가 많은 인기를 끌고 있다. 실제로 한 사용자는 영화 〈기생충〉의 배경과 인물들을 심즈 안에서 그대로 구현하고 대사에 맞추어 심즈 안에서 영화를 그대로 재현하기도 하였다. 이 외에도 부동산 카페에서는 심즈에서 제공하는 다양한 인테리어 아이템을 활용하여 매물을 홍보하기도 하는 등 심즈는 현실과 다양한 방식으로 연계, 활용되고 있다. 이러한 심즈의 활용 방식들은 현재 메타버스에서 구현되고 있는 현실 배경과 유사하다. 심즈가 오락의 목적으로 개발된 하나의 게임이라면, 메타버스는 엔터테인먼트 요소를 기본으로 기업의 판매나 교육과 같은 실용적 기능을 더한 가상세계인 것이다. 사람들이 생활하고 있는 공간을 그대로 구현하고 일상생활을 반영한 심즈의 시뮬레이션들은 메타버스에도 그대로 활용되어 현실 같은 생활을 가능하게 하는 것을 목표로 삼고 있다.

〈레디 플레이어 원Ready Player One〉

〈레디 플레이어 원〉은 2018년 스티븐 스필버그 감독이 같은 제목의 소설을 기반으로 제작한 SF 영화이다. 이 영화는 메타버스 속에서 살아가는 사람들의 사회를 잘 묘사하였다. 배경은 2045년으로, 주인공은 빈민촌에 있는 이모의 컨테이너에 사는 가난한 10대 청년이다. 영화 속의 사람들은 3차원 가상세계에 접속할 수 있는 VR 기기와 오감을 느낄 수 있는 수트를 착용하고 가상세계인 '오아시스'에 접속한 채 대부분의 시간을 보낸다. 사회의 저소득층으로 살아가는 이 청년도 '오아시스'에 접속하는 것을 유일한 즐거움으로 삼고 있다. '오아시스' 회사는 가상현실 속에 숨겨 둔 미션에서 우승하는 사람에게 회사의 소유권과 상금을 주기로 하는데, 영화는 미션의 우승을 차지하려는 과정에서 주인공에게 벌어지는 사건들을 그린다.

영화 속 미래를 살펴보면, 가상현실에서 수행한 미션의 보상으로 돈을 받아 현실에서 물건을 구매하기도 하고, 컨테이너와 같은 좁은 공간 안에서라도 VR 기기를 착용하고 온라인에 접속할 수만 있다면 공간적 제한 없이 무한하고 자유로운 가상세계에 참여할 수 있다. 따라서 인터넷만 연결된다면 좁은 공간은 한계가 되지 않는다. 또한 가상 경제시스템이 현실 경제시스템과 연결되어 있다. 주인공은 현실보다 가상세계에서 더욱 활동적이며 그 안에서 다양한 사람들을 만나고 새로운 인간관계를 맺으며 살아간다. 가상세계 속에서 교류하는 사람들은 국적도 나이도 직업도 매우 다양하다. 주인공은 가상세계에서 다른 사람들과 시합도 하고 싸움도 하며, 연애도 한다. 가상세계에 참여하는 누구나 원하는 캐릭터가 될 수 있고, 어느 곳이나 갈 수 있으며, 무엇이든 할 수 있다. 따라서 사람들은 일과 외 대부분의 시간을 가상공간에서 보내며, 가상공간을 또 하나의 생활공간으로 인식한다.

이 영화에는 흥미로운 반전을 위한 다소 과장된 설정이 들어 있긴 하지만, 극중에 구현된 새로운 기술들뿐만 아니라 현실보다 더 자유로운 삶을 꿈꾸는 등장인물들의 모습을 볼 때 실제 현실을 충분히 반영한 미래의 모습이라 할 수 있다. 앞으로 다양한 기술이 접목되고 메타버스 세계가 정교하게 발달된다면 영화 속에 그려진 미래는 우리의 현실이 될 수도 있을 것이다.

아직까지 메타버스 개념이 익숙하지 않다면 이 영화를 감상하면서 대략적인 이해를 가져 볼 것을 권한다. 미래에는 어떠한 기술이 발전하고 사회는 어떻게 변화될 것이며 사람들의 일상생활은 어떻게 달라질지 상상해 볼 수 있을 것이다.

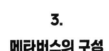

3.
메타버스의 구성

메타버스는 기술의 진보에 따라 지속적으로 발전하고 있다. 주로 게임 분야에서만 한정적으로 개발되던 메타버스는 다양한 분야와 협업을 이루며 인간이 살아가기 위해 반드시 필요한 활동 범위에까지 확대되는 추세이다. 이제 메타버스는 가상공간이라는 개념을 넘어 현실을 대체할 수 있는 공간으로 기대되고 있으며 이미 많은 산업들이 메타버스를 활용하여 주요 업무를 진행하고 있다. 특히 스마트폰, 컴퓨터와 같은 디지털 기기를 태어났을 때부터 다루어 온 10대, 20대들이 앞으로 이 사회의 주역이 될 것이기에 가상공간의 일상화는 미래의 자연스러운 모습으로 예견된다.

메타버스가 현실과 다름없는 시공간으로 창조되기 위한 조건들은 이를 사용하는 사람과 사용할 수 있는 물리적 하드웨어, 사용하고 싶어지는 무형의 소프트웨어로 나누어 살펴볼 수 있다. 즉 메타버스가 존재하는 이유인 '참여하는 사람Human', 현실처럼 잘 구성된 '물리적 공간Physical Space', 공간을 풍부하게 만드는 '콘텐츠Contents', 생산과 소비가 이루어지는 '경제시스템Economic System', 현실과의 이질감이 없도록 하는 '몰입력을 높이는 기술Technology'이 필요하다.

'참여하는 사람'은 메타버스 내에서 활동하는 사용자로 개인뿐만 아니라 기업, 조직, 관리자 등으로 다양하다. 메타버스 공간은 사람들이 참여하는 데 존립의 이유가 있으며, 사람들의 활동이 곧 메타버스의 성공을 좌우한다. 따라서 많은 사람들의 활동과 참여만이 메타버스 공간을 활성화시킬 수 있다.

'물리적 공간'이란 현실과 다를 바 없이 잘 조성되어 있는 메타버스 플랫폼을 의미한다. 볼거리와 구경거리, 이동하고 머무를 공간 등이 포함된다. 이것이 잘 조성되어야 사람들이 오랜 시간 메타버스 내에 머물러도 흥미를 잃지 않을 것이다. 또한 공간이 잘 구성되어야 업무 역시 원활하게 이루어질 것이다.

'콘텐츠'는 메타버스 공간을 채우는 이야기를 의미한다. 기술만으로 메타버스가 완성될 수는 없다. 사람들이 흥미를 가질 만한 이야기, 새롭게 전개되는 구성을 갖추어야 사용자들은 반복적으로 메타버스를 찾게 될 것이다.

한편 메타버스가 단순히 오락적 기능만 충족시킨다면 부차적인 공간으로 인식되어 이용에 한계가 발생할 것이다. 메타버스 공간이 현실이 되기 위해서는 소비와 더불어 생산도 가능한 '경제시스템'이 필요하다. 최근엔 소비자consumer이면서 생산자producer인 프로슈머

prosumer가 디지털 매체에 생명을 지속적으로 공급하는 역할을 한다. 이들은 생산과 소비 두 가지 역할에 모두 참여할 수 있기 때문에, 경제순환을 활성화시키고 사용자와 지속적으로 상호작용을 하면서 참여공간에 트렌드를 반영한다. 이처럼 참여자의 생산활동이 가능한 시스템이 구축되어야만 메타버스는 단순한 오락공간이 아닌 현실을 대체할 수 있는 공간으로 탄생할 것이다. 현재의 메타버스 공간 내에는 아이템 또는 상품가치가 있는 물건을 교환할 수 있는 생태계가 작게나마 이미 조성되어 있으며 이러한 생태계는 앞으로 금융거래, 투자공간 등으로 더 확대될 수 있다.

마지막으로 메타버스는 '몰입력을 높이는 기술'의 발전 위에서 현실과의 이질감 없는 생동감을 갖게 될 것이다. 그러기 위해서는 원활한 5G 이동통신 기술뿐만 아니라 가상공간에 편리하게 접속할 수 있는 다양한 최첨단 기술들이 접목되어야 한다. 최근 메타버스 사업을

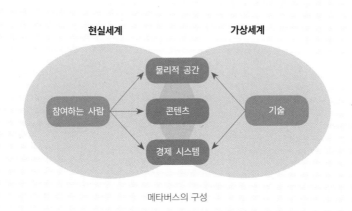

메타버스의 구성

시작하는 주요 기업들은 메타버스 세계에 편리하게 접속할 수 있도록 사용자의 착용감을 고려한 다양한 형태의 기기를 개발하고 있는데 안경, 거울, 장갑, 시계에까지 이른다. 이 기기들은 가상현실에 머무는 동안 이물감이 느껴지지 않도록 앞으로 더욱 소형화되고 가벼워질 것이다.

4.
메타버스가 지향하는 세상

우리가 메타버스를 찾는 이유는 매우 다양하다. 메타버스가 게임의 영역에서 시작하여 사회, 경제, 문화, 교육 등의 분야로 다각화되고 있는 원인에는 현실의 제약으로 실현하지 못했던 사람들의 욕구를 메타버스가 채워 준다는 점이 있다. 정보통신 기술의 발달로 국가 간 경계가 사라졌으나 이로 인한 부정적인 문제도 함께 해결해야 되는 시대에 메타버스는 현실과 가상세계를 연결함으로써 사람들이 필요로 하는 새로운 기회를 만들어 가고 있다.

바이러스로부터 자유로운
마스크 없는 세상

인류의 역사를 살펴보면 인간은 질병으로부터 지속적인 생명의 위협을 받아 왔다. 1348년에 시작된 흑사병으로 유럽 인구의 3분의 1에 이르는 약 2억 명의 사망자가 발생했고, 1770년에 러시아에서 발생한 흑사병으로는 10만 명이 사망하였다. 이 외에도 1918년의 스페인 독감은 5000만 명을 죽음으로 이끌었으며, 2020년부터 현재까지 지속되고 있는 코로나바이러스 역시 수많은 사망자를 냈다. 이러한 과정에서 정상적인 사회활동은 중단되었으며 그로 인한 사회적 피해는 매우 컸다. 코로나바이러스의 특징은 바이러스가 섞인 비말이 공기를 타고 사람 간에 전파되어 수많은 사람들을 감염시킨다는 것이다. 따라서 앞으로도 이런 상황에서는 여행, 모임과 같은 휴식활동뿐만 아니라 사무실로의 출근, 미팅과 같은 필수적인 경제활동까지 마비될 수밖에 없다.

현재 코로나바이러스의 피해를 최소화할 수 있는 해결책은 백신 접종이지만 지속적으로 나타나는 변이바이러스로 인해 마스크를 쓰고 사람 간의 접촉을 피하는 것이 최선의 방책으로 보인다. 기술의 발달로 국경이 사라진 글로벌 세계이지만, 바이러스의 전파가 전 세계로 확대되며 국경을 폐쇄하게 되었다. 발달한 도시의 과밀화된 인구는 집합금지로 집 안에 머무르고 있다. 그러나 사람들은 자유롭게 이동하고 세계와 연결되고 싶은 욕구가 있다. 또한 편안한 모습으로 언

제, 어디서든 원하는 사람과 소통하며 교류하고 싶어 한다. 메타버스
는 현실을 대체하여 이러한 사람들의 욕구를 충족시켜 줄 수 있다.

또 다른 내가 살아가는
자아실현 공간

시간의 부족, 물리적 거리로 인한 이동의 제약 및 비용의 발생 등
현실에서 무언가를 하려면 많은 수고로움과 시간, 비용이 동반된다.
이러한 한계로 한 사람이 만날 수 있는 사람이나 참여할 수 있는 공간
역시도 한정적이다. 그러나 온라인상에 사람들과 공간을 옮겨 놓는다
면 이 모든 문제는 사라진다. 무한한 공간에서 제약 없이 원하는 곳에
갈 수 있고, 어떠한 사람과도 모임을 갖고 대화를 할 수 있다면 누구
나 편리하다고 생각할 것이다.

더욱이 가상환경에서는 아바타가 대신 만남을 가지기에 실제 모
습을 보여 줄 필요가 없다. 따라서 멋있어 보이려고 옷차림을 신경 쓰
지 않아도 된다. 한편 직접 디자인하는 아바타는 나의 단점을 보완한
또 다른 내가 될 수도 있다. 나의 특징을 드러냄으로써 다른 사람과
차별화된 개성을 인정받을 수 있다. 현실에서는 주변의 시선이 부담
스러워 쉽게 드러낼 수 없던 것들이 가상현실에서는 창의적이고 독창
적이라고 평가될 수 있는 것이다. 이러한 메타버스의 특징은 새로운
사람을 만나는 것에 부담감을 가진 사람도 쉽게 모임에 참여할 수 있

게 하고 타인을 만나는 데에 불편함을 없애 준다. 물론 어떠한 상황에서도 인터넷 연결만 가능하다면 다른 사람과 교류가 가능하다. 모임 장소로 이동하기 위해 교통수단을 알아보거나 이동시간을 계산할 필요도 없다. 요즘과 같이 코로나바이러스로 인해 정책적으로 만남이 제한되는 상황에서도 제한 없이 대규모 모임을 만들고 커뮤니티를 활성화시킬 수 있다.

경험이 중시되고
한계가 없는 사회

한정판으로 디자인된 수백만 원짜리 명품가방을 3천 원에 사고 교통이 좋은 강남 한복판에 위치한 펜트하우스를 몇만 원에 소유할 수 있는 세상. 메타버스에서는 구찌Gucci, 루이비통LuisVuitton, 나이키Nike, 아디다스Adidas와 같은 글로벌 브랜드들이 팝업스토어를 만들어 실제 현실에서 파는 제품을 아이템화하여 판매하고 있다. 나를 대체하는 아바타에게 현실에서는 비용이 부담스러워 사지 못하는 명품을 사서 입히고, 며칠 전 구매한 펜트하우스에 지인들을 초대하여 집의 내부를 소개하며 대화를 나눈다. 온라인에 익숙한 새로운 MZ세대(1980년대 초~2000년대 초에 출생한 세대)들은 과거 소유를 중시하던 세대와는 매우 다른 가치관을 지니고 있다. 이들은 소유보다는 경험을 중시하면서 새로운 가치체계를 구축한다. 이들은 공정하고 평등한 사회를 지향하는데 이러한 이들의 가치관이 메타버스가 가진 장점과 만나 더욱 머무르고 싶은 공간이 되는 것이다.

이들이 메타버스를 선호하는 이유로는 우선 메타버스 세상에는 기득권을 가진 세력이나 보수 또는 진보라는 개념이 없다는 점을 들 수 있다. 오로지 개발자와 사용자만 있을 뿐이다. 한편 법과 제도로 활동이 제한되지도 않으며 무언가를 하기 위해 복잡한 여러 단계의 과정을 거치지 않아도 된다. 특별한 행사에 참여하기 위해서는 교통 수단을 이용하여 물리적 거리를 이동해야 하는 현실과는 달리, 많은 비용과 시간을 소비하지 않아도 메타버스 내에 개최된 행사에 참여가 가능하다. 또한 다양한 전시, 강연, 모임 등의 체험이 가능하고 현실에서는 경험하기 힘들었던 다양한 일들을 만들 수 있다. 부와 명예에 따라 계층이 나뉘고 이로 인해 제공되는 정보와 경험이 달라지는 현실과 달리 메타버스에서는 누구나 참여하고 체험할 수 있는 차별 없는 사회가 구현된다.

탈중앙화
경제 구현

앞서 설명한 것처럼 메타버스에서는 소액으로 명품가방을 저렴하게 살 수 있다. 그런데 만질 수도 없는 아이템에 불과한 이 제품이 실제 오프라인 명품매장에서 파는 것과 동일하거나 그 이상의 가격대로 팔린 사례도 있다. 이탈리아 명품브랜드인 구찌는 메타버스 플랫 폼인 로블록스에 만든 팝업스토어에서 '디오니소스'라는 이름의 명품 가방을 아이템으로 판매하였다. 이 제품의 판매가격은 475로벅스(약 5.5달러, 로벅스는 로블록스에서 사용하는 화폐 단위)였다. 최초로 이 가방 아이 템을 산 이용자는 얼마 후 가격을 조금 올려 다른 이용자에게 이 아이 템을 판매하였다. 원래 구매했던 가격보다 조금 더 비싸게 팔아도 구 매하려는 사람이 늘자 이 아이템을 구매한 이용자들은 조금씩 가격을 올려 팔았고 이러한 과정이 여러 번 반복되어 최근 이 가방 아이템은 35만 로벅스(약 4,115달러)에 판매가 되었다. 결국 온라인상의 아이템 가방은 실제 가방과 비슷한 가격으로 판매된 것이다.

온라인 아이템에 돈을 지불하는 일은 새로운 이야기가 아니다. 이전부터 온라인 게임에서는 현금으로 게임머니를 충전한 후 게임 아 이템을 사거나 비용을 내고 다음 단계에 진입하는 형식으로 게임을 진행할 수 있었다. 2000년대 초에 유행했던 실시간 온라인 게임 스타 크래프트도 게임에서 이기기 위해 무기 같은 아이템이 필요하며 높은 단계에서만 구매 가능한 아이템은 오프라인상에서 웃돈을 주고 거래 하는 일이 빈번하였다. 사용자들은 더욱 업그레이드된 새로운 세상을 즐기기 위해 온라인 공간에서 기꺼이 경제활동을 하고 있으며, 이러 한 경제시스템은 블록체인 기술의 발달과 함께 앞으로 더욱 가속화될 전망이다.

게임 개발 및 서비스 회사인 위메이드가 만든 모바일 다중접속 역할수행 게임MMORPG인 '미르 4'는 블록체인 기술에 지속적으로 투자하여 최근 가상화폐 '위믹스'를 제작, 가상화폐 거래소 빗썸에 상장시켰다. 위메이드는 가상공간이 점차적으로 현실과 통합되는 상황을 바라보며 게임세계에서는 부자이지만 현실에서는 가난하다는 이분법적인 현상이 게임산업의 한계로 작용할 수 있음을 파악하고 두 세계의 연결고리를 위해 경제시스템을 연결시켰다. 이처럼 최근 다양한 코인이 만들어지고 있고, 각 기업들도 보안 등의 이유로 자체 코인을 개발하여 기업의 제품 또는 서비스 판매에 활용하고 있으므로 다가오는 미래의 경제는 좀 더 다양한 화폐로 운영될 것으로 보인다.

소비와 동시에 생산이
가능한 공간

현재는 직업의 다양성이 존중되며 하나의 직업이 아닌 여러 가지의 직업을 동시에 가질 수도 있는 시대이다. 개방된 정보를 통해 원하는 지식을 습득하는 현대인들에게 소비는 또 하나의 활동이다. 소비자들은 단순히 소비를 하기 위해 무언가를 구매하기보다는 소비를 통해 새로운 가치를 만들고자 한다. 소비를 함으로써 자신을 나타내고 새로운 경험과 추억을 만들고자 하는 것이다. 미래학자인 앨빈 토플러는 1980년에 그의 저서 『제3의 물결』에서 자신의 사용이나 만족을 위한 제품, 서비스 또는 경험을 생산하는 사람을 프로슈머라고 지칭함으로써 새로운 경제활동에 대해 제시하였다. 그는 또 다른 저서인

『부의 미래』에서 미래에는 생산자와 소비자의 구별이 사라짐을 예측하였고 그의 예견대로 현재 시점에 나타난 메타버스에서는 사용자가 소비뿐만 아니라 생산도 가능하게 되었다. 메타버스 내에 탑재되어 있는 창작 지원 플랫폼을 이용하여 자신이 아이템을 직접 만들어서 판매할 수도 있고 드라마를 제작할 수도 있으며 춤 동작을 만들어 판매할 수도 있다. 생산과 판매활동이 쉽게 가능한 것은 메타버스라는 플랫폼이 제공하는 장점으로, 창업의 형태가 기존의 전통적인 사업과는 완전히 다른 방식으로 운영된다.

기존의 사업 방식에서는 사무실과 같은 물리적 공간이 기본적으로 필요하였으며, 사무공간을 조성하기 위해 상당한 비용을 지출하여야 했다. 그러나 메타버스상에서는 이러한 공간과 시설들이 필요하지 않다. 온라인 접속이 가능한 환경에 있다면 누구나 쉽게 회사설립이 가능하며, 아이디어 하나만으로 개인의 창작 아이템을 판매하면서 얼마든지 부가가치를 창출할 수 있다. 이처럼 메타버스 환경은 단순한 오락적 기능뿐만 아니라 생산과 같은 경제활동도 가능하도록 형성되고 있다.

2장

점차 일상화되는
메타버스

메타버스가 일상화되면서 각 기업들은 메타
버스 플랫폼 시장의 주도권을 차지하기 위해
기존에 보유하고 있는 자원을 활용하여 새로
운 플랫폼을 개발 중이다. 마이크로소프트,
페이스북, 구글, 엔비디아, 애플 등 우리에게
잘 알려진 글로벌 IT 기업들이 현재 주도적으
로 메타버스 사업을 준비하고 있다. 이들 기
업은 메타버스 시장을 주도하기 위해 거액의
비용을 지불하며 가상현실, 증강현실 등의
메타버스 관련 기술 스타트업을 적극적으로
인수, 관련 시장을 장악해 나가고 있다.
교환가치가 있는 곳에 사람들이 모이고, 거
래가 축적되면 자본이 형성되어 시장이 이루
어진다. 이 장에서는 '메타버스'라는 시장을
만들기 위해 글로벌 IT 기업들이 어떠한 전략
을 추진하고 있는지 알아보고, 메타버스 시
장이 가진 플랫폼 사업 효과와 그것을 활용하
는 각 분야의 사례를 살펴본다.

1.
다양한 메타버스 플랫폼

메타버스 플랫폼은 점차적으로 다양한 목적과 기능, 유형들로 개발되고 있다. 초기에는 게임서비스 중심으로 개발되었던 플랫폼이 현재는 교육, 업무, 판매, 체험 등을 할 수 있는 공간으로 변모하면서 이에 적합한 가상공간이 구현되고 있다.

메타버스에 참여하는 사람들이 늘어나면서 해외뿐만 아니라 국내 기업들도 메타버스 플랫폼 개발에 적극적으로 참여하고 있다. 그중 SNS 플랫폼을 이미 보유하고 있는 기업들은 SNS 공간 안에서 다른 사람들과 공존하며 대화하는 느낌이 들 수 있도록 기존 플랫폼을 3D화하는 데에 집중하고 있다. 이와 더불어 AR, VR 등의 첨단 기술을 보유하고 있는 기업들은 메타버스 공간 내 몰입력을 높이기 위한 연구개발과 휴대성이 좋은 기기 개발에 집중하고 있다.

메타버스는 서비스 목적에 따라 매우 다양하며, 지원하는 기능과 참여하는 대상들이 다르므로 처음 시작하는 사용자는 메타버스를 사용하고자 하는 목적과 효과 등을 고려하여 적합한 플랫폼을 선택할 필요가 있다.

외국에서 만든
메타버스

해외에서 만든 메타버스 플랫폼은 매우 다양하다. 엔터테인먼트의 목적을 넘어 교육, 상업 홍보, 정치에까지 사용되고 있으며 각각의 목적에 적합한 플랫폼들이 다수 존재한다. 아래에서는 그중 고유의 특징을 가진 대표적인 해외 플랫폼을 살펴본다.

① 로블록스Roblox

로블록스는 사용자가 게임을 프로그래밍하고, 다른 사용자가 만든 게임을 즐길 수 있는 온라인 게임 플랫폼이다. 현재 180개 국가에서 이용되고 있으며, 3억 명이 넘는 사용자가 참여하고 있다. 로블록스에는 약 5천만 개의 월드가 지어져 있는데 이는 대한민국 면적의 5배 정도 되는 크기이다. 최근 로블록스는 로블록스 코리아 유한회사를 설립하여 국내 시장에도 적극적으로 진입하고 있다.

로블록스 플랫폼이 가진 가장 큰 장점은 전문가가 아닌 일반인이 프로그래밍 지식이 없이도 쉽게 게임을 만들 수 있도록 로블록스 스튜디오Roblox Studio라는 툴을 제공하고 있다는 점이다. 로블록스 스튜디오를 통해 만들어진 게임은 다른 사용자가 이용할 수 있도록 플랫폼에 등록하여 판매할 수 있다. 최근 넷플릭스에서 개봉한 국내 제작 드라마 〈오징어 게임〉이 전 세계적으로 열풍을 일으키자 로블록스 사용자들은 이 드라마의 내용을 게임으로 제작해 등록하였고 이용자들은 다른 스타일의 '오징어 게임'을 즐길 수 있게 되었다. 이처럼 로블록스는 개발자와 이용자 모두를 접근하게 함으로써 이용자 수를 지속적으로 증가시키고 있다. 로블록스의 이용자는 대부분 10대 초반의 연령대인데 이는 로블록스 특유의 레고처럼 생긴 아바타가 친숙한 이미지로 다가오기 때문이다. 사용자들은 아바타를 움직여서 테마파크 건설, 애완동물 입양, 스쿠버 다이빙 등에 참여할 수 있다. 이들은 모두 실제 생활에서 해 볼 수 있는 일들로, 사용자들이 쉽게 흥미를 느낄 수 있는 콘텐츠가 제공되고 있다.

로블록스에서는 로벅스Robux라는 화폐를 사용하여 아이템을 사고팔 수 있다. 로벅스는 1개당 0.0035달러로 현금으로 환전도 가능하며, 희소 아이템의 경우 시세를 올려 파는 등의 방법을 통해 환차익을 얻을 수도 있다(이동훈, 2021).

최초에 게임을 중심으로 이용되었던 로블록스는 현재 가상 콘서트장으로도 활용되고 있는데 미국의 인기 가수 릴 나스Lil Nas는 신곡 발표 콘서트를 로블록스에서 진행하였다. 영화계에서도 영화 홍보를 위해 로블록스를 활용하고 있다. 워너브러더스는 신작 〈원더 우먼 1984〉의 홍보를 위해 미니게임을 만들어 영화를 홍보하기도 하였다.

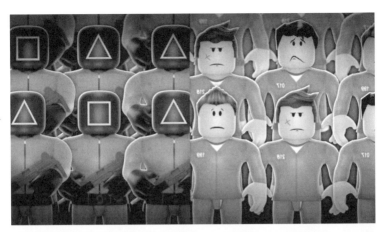

로블록스에 업로드된 오징어 게임(© Roblox)
출처: https://game-news24.com/2021/10/04/how-to-redeem-the-roblox-squid-
game-codes-for-october-2021-how-to-redeem-the-roblox-squid/

한편 현대자동차는 신차 홍보를 위해 로블록스에 가상 체험공간을 만
들어 실제 차량을 보는 것처럼 3D로 구현하였다. 앞으로 로블록스는
더욱 많은 분야로 진출하여 다양한 목적으로 활용될 것이다.

② 디센트럴랜드 Decentraland

디센트럴랜드는 미국 비디오 게임 회사 아타리Atari가 카지노 플
랫폼 디센트럴게임즈와 합작해 만든 가상자산 기반의 메타버스이다.
디센트럴랜드에서는 카지노 게임, 가상 부동산 거래를 할 수 있다. 다
른 메타버스 플랫폼과 비슷하게 가상공간을 탐험하기 위해서 아바타
를 만들어 이동하고, 다른 사람과 채팅을 할 수도 있다. 또한 게임뿐
만 아니라 공연 관람, 경매 참여도 가능하다.

디센트럴랜드에서는 구매한 땅 위에 건물을 세울 수도 있으며 구매와 판매의 지불통화는 블록체인 기술이 접목된 가상화폐인 이더리움ETH을 사용한다. 구매한 부동산은 소유권을 확인할 수 있는 대체불가능 토큰NFT: Non-Fungible Token으로 발행되어 블록체인에 기록되며, 한번 구매한 부동산은 다른 사람에게 판매하지 않는 한 영구적으로 소유할 수 있어 희소성이 크다. 구매한 건물은 현실과 똑같이 목적에 맞게 사용할 수 있다. 건물 내에 작품을 전시하거나 다른 이용자에게 건물을 임대하는 것도 가능하다. 비록 이 공간은 게임과 같은 가상공간이지만 디센트럴랜드에서 판매한 부동산 매출은 총 5000만 달러(약 575억 원) 이상으로 발표될 정도로 거래가 많이 이루어지고 있다.

디센트럴랜드에서는 상금이 걸린 다양한 게임들에 무료로 참여할 수 있다. 사용자가 참여한 게임에서 우승하여 얻은 상금은 가상화폐로 지급되어 수익을 창출할 수도 있다.

한편 디센트럴랜드에서는 다양한 창작과 홍보활동도 지원하고 있다. 원하는 작품을 만들어 가상공간에 배치하고 가격을 제시하여 판매하는 활동이 이루어지고 있으며, 차량 홍보전시관 등 다양한 기업들이 참여할 수 있는 공간도 제공한다. 또한 소비자들이 쉽게 제품을 구매할 수 있도록 결제창을 연결하는 등 여러 방면에서 다양한 경제활동을 지원하고 있다. 이러한 디센트럴랜드의 지원은 창작공간을 제공함으로써 예술가들의 예술활동을 촉진시킨다고 평가되고 있다. 또한 가상화폐를 활용한 아이템 결제는 실물경제와의 거리를 좁히고 현실에서 이루어지는 경제활동을 그대로 구현할 수 있게 함으로써 또

디센트럴랜드

다른 경제시스템을 만들어 가고 있다.

③ 포트나이트 Fortnite

포트나이트는 비디오 게임, 소프트웨어 개발 회사인 에픽게임즈 Epic Games에서 개발한 배틀 로열식 서바이벌 게임이다. 배틀 로열 게임은 팀으로 혹은 혼자서 적들을 물리치고 최후까지 살아남는 방식의 게임 장르이다. 포트나이트는 iOS, 안드로이드, 플레이스테이션, 닌텐도, PC, 엑스박스 등 현존하는 모든 메이저 게임 플랫폼에서 사용할 수 있도록 크로스 플랫폼을 지원하고 있다. 크로스 플랫폼은 하나의 게임을 사용자가 보유한 다양한 기기로 즐길 수 있는 것을 의미하며 동시 접속자 수를 늘릴 수 있는 주요한 기능이다. 포트나이트의 총 가입자 수는 3억 5000만 명 이상이며, 1000만 명이라는 천문학적인 수의 사용자가 동시 접속할 수 있다. 즉 PC로 포트나이트를 플레이하고 있는 사용자가 iOS, 플레이스테이션으로 포트나이트를 즐기는 사용자와 만나 함께 대화하고 게임함으로써 전 세계의 많은 사용자가 포트나이트의 플랫폼을 통해 만날 수 있다. 포트나이트는 게임을 목적으로 개발된 플랫폼이지만 사용자들과 대화를 하고 영화도 볼 수 있는 '파티 로열'이라는 공간을 지원한다. 따라서 포트나이트는 소셜공간으로 진화하여 게임 목적 외에도 함께 영화 예고편을 보거나 콘서트를 보고, 뉴스, 연애 등의 다양한 화제로 대화하는 공간이 되었다. 이에 기업 브랜드들이 제품 홍보를 위한 공간으로 포트나이트를 활용하고 있으며, 아티스트들 또한 이곳에서 라이브 콘서트를 개최하고 뮤직비디오를 공개하는 등 코로나 시대로 공연을 할 수 없는 상황을 극복해 가고 있다. 영화 〈스타워즈〉는 팬데믹 이전부터 포트나이트를 활용하여 홍보활동을 진행하였는데, 2019년에 영화 개봉을 앞두고 게임 내에서 관객들이 참여할 수 있는 이벤트를 개최하며 영화 예고편을 상영하였다. 또한 방탄소년단BTS은 포트나이트에서 노래 '다이너마이트'의 안무 버전 뮤직비디오를 최초로 공개하였으며 관련 제품을 판매하기도 했다. 이처럼 포트나이트는 게임을 넘어 다양한 분야의 콘텐츠를 제공함으로써 문화공간으로 변모해 가고 있다.

한편 에픽게임즈는 가상현실 경험을 제공하기 위해 3D 모델을 몇 초 만에 만들 수 있는 소프트웨어인 트윈모션Twinmotion을 인수하였

에픽게임즈의 트윈모션을 활용한 가상의 건축 설계(© SHAU)
출처: 트윈모션 홈페이지(https://www.twinmotion.com/ko/spotlights/shau-explores-design-concepts-for-tropical-buildings-with-twinmotion)

다. 트윈모션은 비전문가라 하더라도 고화질 이미지, 파노라마, 동영상을 활용하여 짧은 시간 안에 현실과 비슷한 디자인을 구현할 수 있는 3D 렌더링 시각화 도구이다. 코딩에 대한 지식이 없는 일반인들도 가상현실을 디자인하여 다양한 공간을 연출할 수 있게 하였다. 따라서 포트나이트는 게임이라는 콘텐츠와 무한에 가까운 동시 접속자 수 그리고 누구나 개발할 수 있는 창조공간 제공 등을 통해 강력한 메타버스 플랫폼으로 떠오르고 있다.

④ 게더타운 Gather Town

게더타운은 화상회의에 가상공간, 아바타와 같은 요소가 결합된 플랫폼으로 미국 스타트업 게더가 만든 메타버스이다. 게더타운은 사용자들이 가상공간에서 만나 자유롭게 대화하고 협업을 할 수 있도록 화상 중심의 소통공간을 지원한다. 최근 비대면 회의, 수업이 활성화되면서 게더타운은 또 다른 비대면 교육시스템으로 부상하였다. 게더타운은 다른 플랫폼과는 달리 2D로 설계되었으며 가상의 공간에서 사람들과 함께 파티를 열거나 게임, 회의를 진행하는 것이 가능하다. 사용자가 가상공간을 만들어 링크를 보내면 초대가 가능하며, 공간에 참여한 사람들과는 Zoom시스템과 같이 화상 통화로 대화가 가능하다. 또한 문서를 주고받고, 자신의 PC 화면을 공유할 수 있으며 화이트보드 기능도 지원하여 아이디어 회의나 신속한 자료공유가 가능한 장점이 있다.

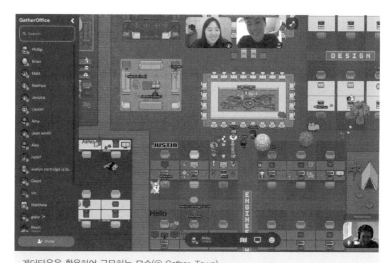

게더타운을 활용하여 근무하는 모습(ⓒ Gather. Town)
출처: https://medium.com/sequoia-capital/building-the-metaverse-with-gather-7cef0a6256ca

게더타운이 기존의 업무 및 교육시스템들과 차별되는 흥미로운 기능은, 대화하고 싶은 사람의 아바타 근처로 이동할 경우 자동으로 카메라와 마이크가 켜지면서 음성 대화가 가능하며 서로의 모습이 영상으로 보이는 것이다. 따라서 서로 간에 실재감이 느껴지고 실시간 소통이 보다 원활하게 이루어질 수 있다. 게더타운은 2D로 디자인되어 비주얼 면에서는 다른 메타버스 플랫폼에 비해 부족해 보일 수 있으나 직관적인 인터페이스로 이용이 쉽다는 점에서 업무와 교육 목적으로 사용하는 데에 적합하다고 평가되고 있다.

국내에서 만든
메타버스

국내에서도 많은 메타버스 플랫폼이 개발되고 있다. 네이버의 제페토가 현재 가장 많은 사용자를 가지고 있으며, SK텔레콤의 이프랜드도 특화된 기능을 장점으로 시장 구축을 진행 중이다.

① 제페토 ZEPETO
제페토는 네이버 제트NAVER Z에서 개발한 메타버스 플랫폼이다. 제페토의 아바타 생성 방식은 다른 메타버스 플랫폼과는 다른 방식으로, 소유하고 있는 휴대폰에 제페토 애플리케이션을 다운로드 받아 얼굴 촬영을 하면 인공지능AI 얼굴인식과 증강현실, 3D 기술 등이 적

제페토(ⓒ 네이버 제트)
출처: 제페토 홈페이지(https://recruit.naverz-corp.com/naverz/recruitMain)

용되어 자신의 실제 얼굴을 바탕으로 입체적인 아바타를 만들 수 있다. 제페토의 가장 큰 특징은 아바타의 옷을 직접 디자인하여 다른 이용자에게 판매할 수도 있다는 점이다. 이로 인해 사용자의 창작활동이 경제활동으로도 이어짐으로써 전문 영역의 새로운 직업이 탄생하고 있다.

제페토는 빌드잇이라는 곳에서 제페토월드, 즉 자신이 원하는 공간을 만들 수 있다. 제페토상에 원하는 공간을 만들면 인원에 대한 제한 없이 공간을 이용할 수 있다. 실시간 동영상이나 사진 등의 콘텐츠를 공유하는 것에는 일부 제한이 있다.

제페토는 아이템 제작과 비즈니스 홍보를 지원하는 플랫폼 기능에 집중하고 있다. 3D 아이템을 쉽게 제작할 수 있도록 지원하고 젊은 MZ세대들이 몰려들 만한 특화된 기능들을 제공한다. 이에 아바타

1. 다양한 메타버스 플랫폼

를 통해 놀고, 먹고, 쇼핑하는 MZ세대가 급증하고 있으며, 기업들은 이러한 제페토의 특성을 고려하여 메타버스에 플래그십 스토어를 만들어 기업 홍보 및 판촉행위를 진행 중이다. 최근 BGF리테일은 제페토 내에 가상현실 편의점 CU를 오픈하였으며, 서울시는 서울창업허브월드를 만들어 창업지원시설을 온라인상으로 살펴볼 수 있도록 하였다. 또한 선정된 우수 스타트업에서 운영 중인 전시장을 홍보하고 있다. 구찌, 랄프 로렌Ralph Lauren도 제페토를 이용하여 현실과 유사한 매장을 꾸며 실제 판매 중인 제품과 비슷한 아이템을 판매하고 있다. 이 외에도 엔터테인먼트 회사 JYP, YG 등이 메타버스를 이용하여 콘서트를 개최하고 팬 사인회를 진행하는 등 소속 아티스트들의 홍보활동 공간으로 활용하고 있다.

누구나 참여 가능한 아바타 아이템 생산 및 판매, 이를 활용한 자유로운 캐릭터 생성, 그리고 이러한 캐릭터를 주인공으로 한 역할극 등 젊은 세대가 즐기면서 경제활동을 할 수 있는 생태계 형성을 통해 제페토는 주요 메타버스로 급부상하고 있다.

② **이프랜드**ifland

이프랜드는 SK텔레콤이 개발한 오픈 플랫폼으로 안드로이드와 iOS 운영체제의 모바일 중심 서비스를 제공한다. 다른 플랫폼과 마찬가지로 자신만의 아바타로 참여 가능하며 아이템을 구매하고 판매할 수 있는 마켓시스템도 갖춰져 있다.

이프랜드는 기존 플랫폼들과 차별화하기 위해 다른 아바타와의

이프랜드, 오른쪽 이프랜드 소개 영상(© ifland)
출처: SK텔레콤 뉴스룸(https://news.sktelecom.com/133655)

소통을 중점적으로 지원한다. 소통공간을 정형화된 형태로 제공하는 대신 이용자 스스로가 꾸밀 수 있도록 하였고 가상공간 테마를 다양하게 제공하였으며 바닥, 벽지, 날씨 등의 아이템을 사용하여 소통 목적에 맞도록 배경을 꾸밀 수 있도록 다각화하였다. 이프랜드의 소통공간인 룸에는 최대 130명까지 참여할 수 있으며, 참여인원은 앞으로 더 확대할 예정이다. 이뿐만 아니라 룸 안에서 참여자 간의 효율적인 의사소통을 위해 PDF 문서와 MP4 영상이 모두 무료로 공유 가능하다. 인원을 130명 이상으로 진행하거나, 특화된 배경이나 배너를 쓰기 위해서는 유료 서비스를 이용할 수 있다.

따라서 이프랜드의 플랫폼을 활용하여 소규모 회의에서부터 대형 강연이나 콘서트, 팬 미팅, 홍보 전시회 등 다양한 목적의 모임이

1. 다양한 메타버스 플랫폼

가능하다. 실제로 이프랜드를 활용하여 대규모 행사를 진행한 순천향대학교는 학교의 대운동장을 메타버스상에 구현하여 신입생 입학식을 진행하였다. 행사와 관련된 PDF 파일을 업로드하고 총장의 연설문을 동영상으로 제작하여 행사를 원활하게 진행하였다. 이프랜드는 SK텔레콤이라는 통신회사가 설립한 만큼 5G 기술을 적극 활용하기 위해 홀로그램 제작소를 설립, 혼합현실(가상현실과 증강현실을 섞은 기술) 플랫폼을 다양한 산업과 연계함으로써 메타버스 시장을 더욱 확장하고 있다.

2.
메타버스를 준비하는 글로벌 IT 기업들

글로벌 기업들은 항상 새로운 먹거리를 탐색한다. 시장에서의 선점효과를 누리기 위해서 이들은 시장변화를 누구보다도 먼저 감지하고 관련 시장을 주도하기 위한 사업을 발 빠르게 전개한다. 최근 메타버스에 젊은 세대 이용자가 몰리면서 글로벌 IT 기업들 또한 메타버스를 새로운 먹거리로 인식하고 이를 주도하기 위해 경쟁을 시작하였다. 글로벌 IT 기업이라고 불리는 거대 기업들은 보유 기술을 기반으로 관련 사업에 진출하기 위해 각 주력 분야와 연계하여 새로운 시장을 발굴 중이다. 마이크로소프트, 애플과 페이스북은 가상현실과 증강현실 기기를 기반으로 플랫폼을 구축하여 새로운 메타버스 세계를 구축하는 데 공을 들이고 있다. 다른 기업들도 자신들의 기술자본을 기반으로 메타버스 시장을 견인하기 위해 앞다투어 새롭게 개발된 기술을 발표하고 있다. 아래에서는 대표적인 글로벌 IT 기업들이 어떤 가상세계를 구축하고 있는지 살펴본다.

마이크로소프트 Microsoft

홀로렌즈는 마이크로소프트에서 개발한 메타버스 접속용 AR 기기이다. 홀로렌즈를 착용하면 내가 다른 이용자의 공간에 순간 이동해 들어가 대화할 수 있다. 상대방은 아바타로 등장하며 나와 다양한 방식으로 의견을 교류할 수 있다. 마이크로소프트는 혼합현실MR: Mixed Reality 플랫폼 MS메시Mesh를 구축하여 업무용 메타버스를 구현하였다. 헤드셋으로 만들어진 홀로렌즈를 착용하고 애플리케이션을 열면 사용자는 아바타로 등장하여 홀로그램으로 나타나는 다른 사람들과 만날 수 있다. 손동작이나 움직임 등은 헤드셋에 달린 카메라가 포착하여 그대로 아바타에 반영한다. 메시 플랫폼의 특징은 사용자들이 AR시스템을 보유하고 있지 않아도 가상세계에 참여할 수 있다는 점이다. 메시 플랫폼 애플리케이션을 설치하면 사용자들은 디바이스의 종류에 상관없이 상대방을 만날 수 있다. 이와 같은 기술이 구현되기 위해서는 클라우드 기반이 필수적으로, 마이크로소프트는 클라우드 애저Azure를 기반으로 어디에서든 원하는 사람과 같은 공간에 있을 수 있도록 플랫폼을 구현하였다. 덕분에 사용자들은 실제로 만나지 않아도 옆에 있는 것처럼 느끼게 된다.

현재 마이크로소프트는 스마트폰, 태블릿 등의 기기에서 VR이 작동할 수 있는 방법을 연구하고 있다. 다양한 다른 기기가 서로 호환, 연동되어 범용적으로 사용될 수 있도록 하려는 목적이다. 또한 사용

마이크로소프트 홀로렌즈
출처: https://commons.wikimedia.org/wiki/File:Ramahololens.jpg

자의 모습이 아바타가 아닌 실제 자신의 모습으로 표현될 수 있도록
구현 중이다.

구글Google

구글은 검색엔진 서비스뿐만 아니라, 구글 어스Google Earth, 구글
글라스Google glass 등의 핵심 사업을 보유하고 있으며 이 사업들을 기
반으로 현재 메타버스 사업에 진출하기 위한 핵심 기술을 개발 중에
있다. 이에 컴퓨터 비전, 머신 러닝, 공간 오디오, 실시간 압축 기술과
같은 핵심 기술을 연구하여 '현실에 있는 듯한 느낌'을 갖게 하는 프로
젝트를 진행하였다. '스타라인Starline'이라고 하는 이 프로젝트에서는
같은 공간에 있지 않지만 상대방이 바로 앞에 존재하는 듯한 느낌을
갖게 하는 시스템 개발을 추진하였다. 그 결과 구글은 별도의 AR 기

구글 스타라인 소개 영상
출처: Project Starline REVEALED
(https://youtu.be/Q13CishCKXY)

기를 착용하지 않아도 실제 사람과 마주 앉아 있는 느낌을 전달하는 디스플레이를 개발하였다. '라이트 필드 디스플레이 시스템Light Field Display System'이라고 하는 이 하드웨어 기술은 3D 입체 영상 기술로 상대방을 다양한 위치에서 촬영하여 보여 줄 수 있다.

구글은 이 시스템을 인공지능과 결합하여 온라인 교육이나 원격근무, 회의 등의 목적으로 언제, 어디서나 사용할 수 있도록 계획 중이다. 아직 이 디스플레이 기기는 크기와 가격 등의 한계로 개인이 구매하기에는 다소 부담이 있지만 앞으로 관련 기술이 좀 더 개발된다면 대중적으로 편리하게 이용할 수 있을 것이다.

페이스북Facebook

페이스북 CEO인 마크 저커버그는 "앞으로 사람들이 페이스북을 메타버스 회사로 기억하기를 바란다"라고 언급하면서 메타버스를 중점으로 사업을 추진할 것을 세상에 공표하였다. 페이스북은 메타버스 사업을 위해 5천만 달러(약 590억 원)를 연구기금으로 출자하고 AR, VR 연구팀을 만들어 메타버스 관련 기술의 연구개발에 집중하고 있다.

또한 메타버스와 관련된 하드웨어와 소프트웨어 기업을 인수함으로써 시장 선점을 위한 공격적인 사업 확장에 뛰어들었다. 2012년에는 인스타그램을 인수하고 2014년에는 왓츠앱과 더불어 VR 기기 제조사인 '오큘러스'를 인수하여 VR 기술을 이용한 메타버스 사업에 직접적으로 착수하였다. 이어 2019년에는 비트게임즈, 산자루게임즈, 빅박스 등 VR 게임사를 인수하여 AR, VR 게임을 출시하였다.

게임 분야 외에도 페이스북은 2017년 VR 기반 메타버스 서비스인 '페이스북 스페이스Facebook Space'를 출시하였다. 페이스북 스페이스는 사람들이 VR공간에서 만나 소통할 수 있도록 페이스북을 가상현실로 만든 형태이다. 페이스북은 2019년에 이를 더 업그레이드하여 '호라이즌 워크룸Horizon Workrooms'이라는 업무용 가상 협업 플랫폼을 출시하였다. 이 워크룸은 오큘러스의 VR 헤드셋을 끼면 사용자를 대체하는 아바타가 회의룸에 참여하여 사용자의 행동을 그대로 구현할 수 있다. 또한 업무의 편의성을 위해 사용자의 PC와 연동되어, 가상공간상에 현실에서 사용하고 있는 PC의 타이핑이 그대로 보이고 파워포인트와 같은 자료를 공유하거나 화이트보드에 메모를 하는 것들이 모두 가능하다.

이처럼 마크 저커버그는 2030년이면 메타버스 시장이 충분히 성숙할 것이라고 판단하고 메타버스가 더욱 편리하게 사용될 수 있도록 관련 기술 개발에 집중하고 있다.

엔비디아Nvidia

엔비디아는 컴퓨터 GPU를 설계하는 회사로, GPU는 인공지능 분야에서 없어서는 안 되는 기술이다. 마이크로소프트와 같은 컴퓨팅 기업은 엔비디아의 GPU를 활용해 클라우드 컴퓨팅 서비스를 제공한다. 가상현실을 구현하기 위해서는 고성능의 GPU가 필수적으로, 엔비디아는 독보적인 기술을 기반으로 다양한 산업 분야에서 협업 및 시뮬레이션을 할 수 있는 '옴니버스 엔터프라이즈Omniverse Enterprise' 메타버스 플랫폼을 공개하였다.

옴니버스는 기업의 협업을 위한 메타버스 플랫폼으로, 3D 디자인을 협업할 수 있을 뿐만 아니라 실제 건물과 공장, 로봇의 디지털 트윈Digital Twin 시뮬레이션을 할 수 있도록 제작되어 매우 다양한 분야의 산업에서 제작 프로젝트에 사용되고 있다.

건축 회사들은 옴니버스 공유 가상공간에서 사람들과 협업하여 건물 내부, 외부를 설계할 수 있으며, 통신 회사의 경우 도시환경에서 5G 전파가 통과되는 경로를 시뮬레이션해 봄으로써 원활한 경로를 파악할 수 있다. 또한 로봇을 만드는 경우에도 인공지능을 활용하여 모델링함으로써 현실에서 똑같이 구현되는 로봇을 미리 시뮬레이션할 수 있다.

엔비디아는 미디어, 엔터테인먼트, 엔지니어링, 건설, 자동차 등 다양한 분야의 기업들을 모집하여 구독 형태로 옴니버스 엔터프라이즈 서비스를 제공하고 있다. 이를 통해 기업들의 가상공간 협업 플랫폼으로 메타버스 세계에 자리매김하는 중이다.

애플Apple

애플은 2010년대 중반부터 AR 전담팀을 만들고 관련 특허를 다수 출원하였다. 최근 애플은 손에 착용하면 손가락 마디마디의 움직임을 읽을 수 있는 VR 장갑을 출시하였다. 이 장갑을 착용하면 VR 기기를 컨트롤할 수 있어, 향후 스마트폰이나 태블릿에 적용할 것으로 추측되고 있다.

애플은 스마트폰 분야의 우위를 가지고 있는 만큼 스마트폰을 중심으로 한 메타버스를 개발하고 있다. 이에 VR 기기 외에도 아이폰과 아이패드에서 작동하는 AR 서비스에 집중하고 있다. 2022년에는 AR 헤드셋을 공개할 예정이며, AR 기술을 접목한 애플 글라스의 출시 계획을 발표하면서 소프트웨어 테스트 등을 진행하고 있다.

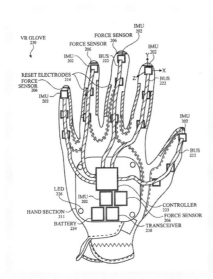

애플의 AR 장갑 예상 구조도
출처: https://www.appleworld.
today/2020/12/29/apple-patent-
is-for-apple-gloves-for-use-
with-apple-glasses/

애플은 메타버스 시장에 진입하기 위한 구체적인 계획을 발표하지는 않았지만, 공개적으로 가상현실에 대해 높이 평가하고 있으며 실제로 특화된 기술을 통해 메타버스 진출을 모색하고 있다.

● **글로벌 IT 기업 메타버스 관련 기술개발 현황**

기업	개발 중인 메타버스 플랫폼(기술)
마이크로소프트	VR·AR 플랫폼 '메시Mesh', AR 기기 '홀로렌즈 2' 등
페이스북	가상현실 기반 소셜 네트워크 서비스SNS '호라이즌'
구글	3차원 온라인 영상대화 '스타라인'
엔비디아	시뮬레이션 협업을 위한 가상공간 플랫폼 '옴니버스 엔터프라이즈'
애플	VR·AR 기술을 적용한 기기 개발 진행

출처: 이보미(2021), 필자 정리

3.
글로벌 공룡 기업들은 왜 메타버스에 뛰어드는가?

일각에서는 메타버스가 인터넷과 스마트폰 다음의 혁신이라고 평가하면서 메타버스의 영향력은 이전 기술보다 훨씬 강력할 것이라고 예측하고 있다. 무한한 정보가 쏟아지고 누구나 손쉽게 정보를 획득할 수 있게 된 환경에서 사람들은 수많은 정보를 주어지는 대로 흡수하기보다는 필요한 정보를 선택적으로 획득하고 싶어 한다. 이러한 과정에서 '타인'이 아닌 '나'로 의식의 흐름이 바뀌면서 사람들은 또 다른 내가 존재할 수 있는 메타버스에 모여들게 된다.

사람이 모여드는 곳에 거래가 존재하고 시장이 형성되기에, 기업들은 홍보 등의 목적을 가지고 메타버스 플랫폼에 사용자로서 참여하고 있다. 한편 기존 IT 서비스를 제공하는 기업들은 시장의 변화를 감지하고 메타버스 플랫폼 사업에 뛰어들고 있다. 기업들이 메타버스 사업에 뛰어드는 이유는 무엇일까?

개방형 참여로 인한
거대 시장의 형성

메타버스의 장점은 누구나 참여할 수 있다는 점이다. 아마존이 누구나 자유롭게 판매하고 구매할 수 있는 사이트인 것처럼 메타버스 역시 누구나 아이템을 판매하고 구매할 수 있는 공간이다. 기업은 홍보 목적으로 만든 아이템을 이용자들에게 판매할 수 있으며, 한정된 아이템은 이용자 간에 프리미엄 가격이 붙어 거래되면서 차익을 남길 수도 있다.

로블록스는 대표적인 메타버스 게임 플랫폼으로 개인인 이용자가 플랫폼의 시스템을 이용하여 게임을 제작하고 판매할 수 있다. 사용자가 창작 지원 플랫폼을 이용해 직접 게임을 제작하고 판매를 계획하게 되면서 단순히 게임을 하고자 하는 사용자뿐만 아니라 게임을 개발하고자 하는 사용자도 적극적으로 참여하는 양방향 참여가 활성화되고 있다. 제페토와 같은 플랫폼에서는 아바타의 의상이나 액세서리 등을 디자인하여 아이템을 팔 수도 있다.

이처럼 메타버스는 기업뿐만 아니라 비기업인들인 사용자도 생산자가 되어 별도의 인프라 구축비용 없이 생산의 전 과정에 참여하여 수익구조를 만들 수 있다. 이러한 참여형 구조가 지속적으로 사용자를 유인하여 메타버스 콘텐츠를 더욱 풍성하게 하는 것이다. 또한 제작자의 증가가 사용자를 유입하고 사용자의 증가가 다시 제작자의 증가로 이어지는 상호작용으로 인해 시장은 무한대로 커지게 된다.

개방형 성장구조가 시장 접근성을 용이하게 하는 것이다.

플랫폼 비즈니스 모델을 통한
수익 창출

플랫폼 비즈니스 모델Platform Business Model이란 생산자와 소비자처럼 서로 다른 두 집단이 상호작용 하여 새로운 가치를 창출하는 시장을 의미한다. 최근에는 IT 기술의 발달과 데이터 분석, 모바일 환경의 확장으로 온라인 영역에서의 플랫폼 비즈니스가 오프라인 사업을 대체하고 있다.

메타버스는 기존의 게임과 SNS 서비스 영역을 다루므로 비즈니스 모델 또한 이들 영역과 비슷하다. 메타버스의 수익구조는 우선, 각 플랫폼 기업이 사업 콘텐츠를 제작하여 판매하는 판매 수익이 있다. 둘째, 플랫폼 내에 홍보 배경 등을 만들어 기업들이 광고를 낼 수 있도록 하는 디지털 광고 매출이 있다. 셋째, 메타버스에 참여하는 프로슈머들이 제작한 게임 또는 아이템을 유통하는 과정에서 발생하는 중개수수료, 플랫폼 내에 다른 플랫폼을 끼워 연계해 주는 것에 대한 중개수수료, 가상공간 내에서 기업들이 사옥이나 매장 등을 제작하여 운영할 때 생기는 입점수수료가 있다. 마지막으로 플랫폼 내에서 정기적으로 진행하는 콘텐츠를 안정적으로 이용할 수 있도록 제공하는 채널의 구독료 등으로도 수익을 창출할 수 있다. 메타버스 플랫폼 기

◑ 메타버스의 비즈니스 모델

수익 형태	설명
콘텐츠 판매	게임, 가상 회의장 등 주요 사업 콘텐츠 판매 수익
광고 수익	홍보를 해 주고 광고주로부터 받는 광고 수익
각종 수수료	사용자가 게임 또는 아이템을 판매하는 것에 대한 중개수수료, 플랫폼 연계에 대한 중개수수료, 가상공간 내에 구축되는 기업 매장 등의 입점수수료
구독료	각 플랫폼에서 서비스하는 상품을 정기적으로 제공하는 것에 대한 구독료

업들은 이들 수익구조를 복합적으로 구성하여 운영함으로써 다양한 수익을 창출하고 있다.

새로운 경제체제로의
전환

메타버스가 새로운 경제활동 시장으로 각광받는 이유는 블록체인 기술의 발전과 이를 활용한 암호화폐가 젊은 세대들 사이에서 새로운 경제교환의 수단으로 인식되고 있기 때문이다. 비대면 시대, 온라인 경제가 확장된 현재의 시점에서 암호화폐는 메타버스 플랫폼 내 가장 최적화된 교환수단이다. 이미 디지털 화폐, 즉 사이버 머니가 온라인 게임상에서 아이템을 구매하는 데 널리 사용되고 있는 현상을 보면 쉽게 알 수 있다.

실제로 로블록스는 로벅스라는 가상화폐를 개발하여 메타버스 플랫폼 내 모든 거래에서 로벅스를 활용하도록 하였다. 따라서 사용자가 아이템을 구입하기 위해 지불한 로벅스로 콘텐츠 제작자의 수익을 지급한다. 로벅스는 구글 플레이, 마이크로소프트 앱스토어 등에서 신용카드, 페이팔로 구입할 수 있다.

현재 로블록스뿐만 아니라 다른 메타버스 플랫폼들도 자체적인 가상화폐를 개발하여 거래에 사용할 수 있도록 하고 있으며, 이더리움을 결제수단으로 하는 메타버스 플랫폼도 출시되고 있다. 메타버스 플랫폼은 대부분 자체적인 가상화폐를 개발하고 이를 사용하여 거래할 수 있도록 한다. 이는 탈중앙화를 실현하는 모습으로, 새로운 경제체제로 전환하는 시대에 메타버스가 주요한 역할을 하고 있음을 보여준다.

4.
메타버스의 현재

비대면 시대, 사회적 거리 두기가 권장되면서 메타버스는 사람들이 모일 수 있는 대안적인 공간으로 떠오르고 있다. 메타버스는 물리적 거리를 극복하게 할 뿐만 아니라 현실에 아바타와 같은 오락적 기능을 혼합함으로써 심리적 부담감을 낮추는 등 다양한 장점을 가지고 있다. 이는 여러 분야에서 메타버스 플랫폼을 새로운 오피스 공간으로 또는 시장으로 인식하게 된 까닭이다. 이제 메타버스 공간은 기업뿐만 아니라 정부에서도 회의나 업무공간으로 적극 활용하고 있다.

정부 및 공공기관

정치 홍보나 대통령 선거활동을 메타버스 공간에서 진행하는 일은 이제 해외뿐만 아니라 국내에서도 일반적이다. 비대면이 일상화되면서 정부와 공공기관도 주요 업무를 메타버스 공간에서 진행하고 있다.

정부는 디지털 사회를 주도하기 위해 디지털 뉴딜 계획을 구축하였으며 과학기술정보통신부는 기획회의인 제12차 디지털 뉴딜 회의를 메타버스 플랫폼을 활용하여 진행하였다. 디지털 뉴딜 계획은 코로나 19로 인해 온라인 소비, 원격근무 등 비대면화가 확산된 현실을 고려하여 관련 정보통신 기술을 전 산업 분야에 융합, 새로운 일자리를 창출하는 프로젝트를 의미한다. 정부는 디지털 뉴딜 계획을 통해 비대면 산업의 육성을 제시하였다. 실제 과학기술정보통신부를 비롯한 관계 부처와 유관 기관장들이 직접 메타버스 플랫폼을 이용해 가상 회의장에 모이고, 안건을 발표하며 논의를 진행하였다. 이 밖에도 문화체육관광부와 한국문화정보원이 메타버스 공간에서 '문화정보화협의회'를 진행하였으며, 한국방송통신전파진흥원도 창립기념식을 메타버스에서 진행하였다.

서울시 역시 시의 주요 업무를 가상공간에서 진행하기 위해 '서울시 메타버스 회의실'을 조성하고 있다. 메타버스 회의실에서는 아바타 형태의 서울시 공무원들이 회의를 진행하는데 공개행사 시에는 시민들도 직접 참여할 수 있게 하여 시정 업무를 보다 개방적이고 자유롭게 진행할 수 있도록 계획하였다. 더불어 건물 조감도나 도시계획 조감도를 살펴볼 수 있도록 VR 영상, 3D 오브젝트 등의 신기술을 도입하여 도시계획, 문화관광 업무에 활용할 수 있도록 기획하였다.

이처럼 정부가 주도적으로 메타버스 기술을 활용하고 있는 만큼, 이후 공공 영역에서의 확산속도는 더욱 빨라질 것으로 보인다.

교육 분야:
스마트 러닝을 접목한 교육 콘텐츠 개발

인터넷이 발달한 후 교육 분야에서도 온라인 학습이 보편화되었다. 그러나 온라인 학습은 직접 강의를 듣는 것에 비해 현실감이 부족하여 집중력이 떨어지는 한계가 있다. 따라서 온라인 학습은 학습자 개인의 의지가 매우 중요하다는 단점을 지닌다. 메타버스는 증강현실과 가상현실 기술로 사용자 몰입력을 높임으로써 이러한 단점을 해결하였기에 학습자가 실시간으로 현실감 있게 수업에 참여할 수 있게 되었다. 이에 따라 교육 분야에서는 메타버스를 이용한 교육 콘텐츠를 늘리고 있을 뿐만 아니라 인공지능 기술을 활용하여 학습자 수준에 적합한 맞춤형 교육 콘텐츠를 추천하는 시스템을 개발하고 있다. 학습자 측면에서는 오프라인 교육보다 저비용으로 학습이 가능하며, 언제든지 원하는 시간에 학습을 진행할 수 있어 학습의 효율성도 높일 수 있다는 장점이 생긴다.

전남대학교는 이러한 장점을 활용한 교육과정을 개발 중이며 수업설계를 위해 아이디어를 공유하고 있다. 교수들에게는 메타버스 활용 수업을 위한 이론 교육과 실습을 지원하고 있다. 순천향대학교는 메타버스 플랫폼에서 이미 교양강좌를 진행하였다. 초청된 강사와 학생들을 아바타를 통해 소통하게 하여 질문에 부담이 없도록 하였다. 순천향대학교는 신입생 입학식뿐만 아니라 입시설명회, 전공실습 강의, 동아리 활동까지 메타버스 플랫폼에서 진행함으로써 디지털 교육을 적극적으로 개척하고 있다.

정부에서도 메타버스를 활용한 공무원 교육에 적극적이다. 최근 합격한 5급 신임 공무원을 대상으로 메타버스 플랫폼 로블록스에서 기후변화, 저출생·초고령화 등에 관한 문제를 풀고 발표도 진행하게 하였다. 정형화된 강의식 교육과 달리 게임 형태로 문제 풀이가 진행되어 MZ세대에 해당되는 2, 30대의 신임 공무원들이 교육에 더욱 흥미를 갖게 할 수 있었다.

대구시교육청도 초등학생 대상의 생존수영 교육을 VR 기기를 이

전남대학교 교육문제연구소에서 메타버스를 통해 주최한 국제학술대회의 한 장면
출처: 전남대학교 교육문제연구소(https://today.jnu.ac.kr/WebApp/web/HOM/COM/
Board/board.aspx?boardID=146&bbsMode=view&key=16479)

순천향대학교에서 진행된 2021학년도 2학기 메타버스 피닉스 열린강좌(이설아 기상캐스터)
출처: 순천향대학교(https://home.sch.ac.kr/sch/01/040200.jsp?mode=view&article_no=20211019102619518024&board_wrapper=%2Fsch%2F01%2F040200.jsp&pager.offset=0&board_no=20090811164302589872)

용하여 메타버스 공간에서 진행하였다. 가상현실에서 진행하는 콘텐츠는 총 38편으로, 구명조끼를 착용하고 선박에서 탈출하는 시뮬레이션을 3D 영상을 통해 간접적으로 체험할 수 있도록 하였다.

이렇듯 앞으로 교육의 전반적인 분야가 가상공간 안에서 진행될 것으로 보인다. 특히 실습이 필요한 분야는 증강현실 기반의 콘텐츠

를 개발하여 적용할 필요가 있다. 게임의 장점인 오락적 성격을 활용
한다면 학습자의 흥미를 증진하고 몰입도를 높일 수 있을 것이다.

금융 분야:
디지털 금융으로의 전환

금융 기업들에게 제한된 시간 내에 고객뿐만 아니라 내부 직원
들과 실시간으로 교류하고 소통하는 일은 매우 중요하다. 따라서 은
행을 비롯하여 카드, 보험, 증권사들은 은행 예금 상품의 홍보뿐만 아
니라 직원 교육, 업무 회의 등 다양한 목적으로 메타버스를 활용하고
있다.

은행들은 메타버스상에 금융연수원을 만들어 전문적인 금융 서
비스 교육을 진행하고 있다. 하나은행은 메타버스 전담조직인 '디지
털 혁신 TFT'를 조직 내에 신설하여 메타버스 전용 플랫폼인 '제페토'
에 실제 연수원의 구조와 똑같은 '하나글로벌캠퍼스'를 개설하였다.
하나은행은 이 공간을 통해 온라인상에서 신입 직원 교육을 진행하고
직원들의 업무 역량을 제고하고 있다. 기존에 운영하던 주말 자율연
수 프로그램도 메타버스 공간에서 진행하였다. 직원들은 메타버스상
에서 각자의 아바타를 만들어 질문을 하고 교육에 대한 개선사항 등
다양한 의견을 나누었다. 하나은행은 메타버스를 내부적으로만 활용
하는 단계를 넘어, 대외적으로 다양한 이벤트를 진행하여 젊은 세대

와의 소통을 통해 고객을 유치할 수 있도록 기획하고 있다.

KB국민은행은 메타버스 플랫폼인 '게더타운'에 KB금융타운을 구축하여 재택근무 직원들과 실시간으로 소통하고 있으며, 인공지능 기술을 활용하여 아바타를 통한 메타버스 영업점을 개설할 예정이다. 따라서 금융상담과 단순한 은행업무는 앞으로 메타버스 공간에서 이루어질 전망이다.

삼성화재나 현대해상과 같은 보험사들도 가상연수원 공간을 만들거나 메타버스를 활용해 홍보를 하고 있으며, 카드사들도 홍보를 목적으로 문화공간을 만들어 고객들과의 소통채널로 활용하고 있다.

금융권에서 메타버스를 적극적으로 추진하는 이유는 다음과 같다. 새로운 경제주체로 떠오르고 있는 MZ세대와 접촉할 수 있으며, 가까운 미래에 고객들이 지점을 방문하지 않아도 가상공간을 활용하여 금융상담을 받고 입출금 등의 금융 거래를 할 수 있다는 예측 때문이다. 또한 영업점을 운영하기 위한 임대료를 절약할 수 있으며, 최소한의 인원만을 배치함으로써 인건비도 절감할 수 있다는 장점이 있다. 현재도 인터넷을 활용하여 온라인 뱅킹과 모바일 뱅킹이 가능한 것처럼, 제도와 시스템이 보완된다면 영업점을 방문하여 다양한 금융 서비스를 제공받듯이 메타버스를 통한 서비스 이용도 가능해질 것이다.

부동산 분야:
가상현실에서도 인기 있는 부동산, 메타버스에서 땅을 산다

가상환경에서도 부동산을 사고팔 수 있는 플랫폼이 등장하였다. '어스 2Earth 2'는 호주에서 개발된 가상부동산 투자 플랫폼으로 가상현실에서 만든 지구의 땅을 타일 형태로 쪼개어 부동산처럼 개인이 사고팔 수 있는 게임이다. 이 게임은 가상이지만 실제 구글의 위성지도를 기반으로 만들어졌다. 이 플랫폼에서는 전 세계의 땅을 구매할 수 있으며 미국의 백악관뿐만 아니라 우리나라의 청와대, 국회까지도 매입할 수 있다. '업랜드UPLAND' 역시 구글 지도를 기반으로 만들어진 플랫폼으로 NFT 기술을 활용하였고 UPX라는 자체 화폐로 가상세계에서 부동산 거래가 가능하다.

이와 같은 플랫폼은 우리나라에서도 개발되어 '플래닛 IX', '메타렉스' 등이 서비스를 제공 중이다. 이 플랫폼들은 가상화폐를 기반으로 이용자들 간 거래가 가능하도록 만들어져 있다. 가상공간에서 부동산을 구매하는 이용자들은 현실에서는 사기 힘든 역세권 땅과 건물을 가상현실에서라도 살 수 있다는 대리만족과, 최근 가상화폐가 새로운 투자자산으로 떠오르면서 차익을 얻으려는 목적으로 참여하고 있다. 메타렉스는 거래 시 알트코인인 아스터코인ATC으로 구매하도록 함으로써 가상화폐 투자와도 연계하였다.

이러한 가상현실상의 부동산들이 실제로 가치 있는 자산으로 형성될지는 아직까지 미지수이다. 그렇지만 앞으로 메타버스는 사람들의 다양한 욕구를 충족시키기 위해 실제 삶을 점점 더 반영하게 될 것이다.

건설 분야:
디지털 모델하우스에서 집을 보고 분양상담 진행

최근 A건설사는 메타버스상에 모델하우스를 구축하여 분양상담을 진행하였다. 대체로 집을 구매하기 위해서는 직접 모델하우스를 방문하여 집의 구조나 방의 크기 등을 비교해 보게 된다. 그러나 최근 코로나로 인해 집을 사고자 하는 사람들이 모델하우스에 가기보다는 인터넷을 통해 먼저 살펴보고 붐비지 않는 시간으로 예약을 잡아 방문하여 집의 내부를 보는 방식을 선호하게 되었다.

이렇듯 건설사들이 가상현실상에 모델하우스를 구축하는 이유는, 집을 보고자 하는 사람이 많이 몰린다고 해도 인원제한이 없이 동시에 관람이 가능하고, 실제 모델하우스와는 달리 분양이 끝나도 철거비용이 별도로 발생하지 않기 때문이다. 또한 바쁜 현대인들에게는 온라인상으로 체험해 보는 것이 현장방문의 유인이 되기 때문에 많은 건설사들은 앞으로 오프라인과 온라인 모델하우스를 함께 개관할 예정이다.

실제로 롯데건설은 부동산 플랫폼 직방과 업무협약을 맺고 메타버스를 활용하여 디지털 전시관을 구축하였다. 포스코건설 또한 버추얼 주택전시관을 구축하여 고객이 건물의 주변 입지까지 살펴볼 수 있게 하였고 가상공간에서 실내 관람, 상담 예약을 진행하였다. 고객들은 가상의 모델하우스를 통해 언제 어디서나 분양정보를 획득할 수 있을 뿐만 아니라 벽지나 바닥재 등의 옵션을 취향에 맞게 선택하여 조합해 봄으로써 시간과 수고를 절약할 수 있게 되었다.

제조 분야:
메타버스에 지어진 스마트 팩토리

제조업 분야에서도 메타버스를 활용하여 비용 절감을 하고 있으며 제품 생산과정을 증강현실로 구현하여 신제품을 설계하고 제조공정을 확인하고 있다. 예로 작업자들은 가상세계 안에서 설계를 구현해 보고 각종 부품정보, 재고 현황, 공장 가동 현황, 완제품 공정의 시간 등을 체크해 볼 수 있다. 기업들은 가상공간에 설립한 공장시스템을 활용하여 현장 근로자들에게 필요한 교육을 실제 공장을 방문하지 않고도 수월하게 진행하고 있다. 예를 들어 차량 브랜드 재규어 랜드로버Jaguar Land Rover는 차량의 대시보드 수리에 관한 교육을 직접 차량을 분해하지 않고 증강현실을 활용하여 진행하였다. 이를 통해 교육이 훨씬 원활하게 진행되었고 차량을 분해하지 않아도 됨으로써 비용을 절감할 수 있었다. 미국 항공사 보잉은 항공기의 배선 작업과 물류 분석 등에 증강현실을 활용함으로써 작업시간을 20% 이상 단축하고,

작업 오류도 크게 개선하였다.

현재 우리나라도 화학, 자동차, 조선해양의 3대 제조업 분야에서 가상공장을 구축하고 있으며, 2024년까지 확장현실XR(혼합현실)을 적용하여 스마트 팩토리를 설립하는 것을 계획하고 있다.

이렇듯 제조업 분야에서는 시제품의 효율적인 개발, 안전성 증진, 전반적인 공정 확인 등 비용 절감뿐만 아니라 제품수명의 전 주기에서 체계적인 관리를 진행하기 위해 메타버스 기술을 도입하여 과거보다 편리한 공장환경을 조성하고 있다.

예술 분야:
가상공간에서 미술전시회, 영화시사회 개최

메이커스플레이스Makersplace, 오픈씨OpenSea, 니프티게이트웨이Nifty Gateway 등은 블록체인 기반의 NFT 기술이 접목된, 예술품을 거래할 수 있는 플랫폼이다. 최근 미술품에 투자하는 아트테크가 늘어나면서 정보보안 기술을 활용한 예술품 투자가 활발해지고 있다. 미국의 전기자동차 기업 테슬라의 최고경영자인 일론 머스크의 전 여자친구이자 가수인 그라임스Grimes는 NFT 기술이 접목된 그림 10점을 이러한 온라인 플랫폼을 통해 580만 달러(약 65억 원)에 거래하였다. 이처럼 예술품의 온라인 거래가 활발해지자 가상 예술작품을 거래할 수 있는 온라인 플랫폼이 함께 늘어나고 있다.

정보보안 기술인 블록체인과 스마트 콘트랙트 기술이 예술작품과 결합된 것을 NFT 아트라고 한다. NFT 아트는 위조가 불가능하고, 누구나 쉽게 거래할 수 있다는 장점이 있어 많은 아티스트들이 NFT 아트를 창작하고 있다. 따라서 예술작품 전시도 현실이 아닌 가상공간에서 이루어지고 있다. DGB 금융지주는 제페토에서 미술전시회를 개최하였다. 이 미술전시회에 참여하는 사람들은 실제 미술관처럼 꾸며진 가상공간에서 아바타를 이동하면서 전시되어 있는 그림을 감상할 수 있었다. 한편 사회적 거리 두기가 강화되면서 예술작가들은 온라인 가상전시회를 새로운 전시공간으로 선택하고 있다. 영화계에서도 밀폐된 영화상영관의 한계를 대체하기 위해 가상공간에서 영화상영을 진행하고 있다. 부천 영화제는 매년 열리는 심야상영회를 메타버스에서 개최하였다. 이에 총 17편의 영화를 메타버스 공간에서 상영하고, 상영 후 영화감독과 배우, 제작진이 아바타를 통해 인사하고 영화에 관한 대화도 진행하며 시사회를 진행하였다.

이렇듯 다양한 예술 분야가 메타버스 활용에 참여하고 있다. 기술의 장점을 활용하여 현실이 가진 제약을 극복하려는 노력의 일환이다. 더욱이 기술과 문화예술의 융합을 통해 기존에 문화예술을 어렵다고 생각하던 사람들도 예술작품을 가깝고 쉽게 접하게 된 것은 긍정적인 변화이다. 앞으로 메타버스 기술이 발전할수록 점차적으로 많은 사람들이 가상공간에서의 예술활동에 참여하게 될 것이다.

엔터테인먼트 분야:
엔터테인먼트 메타버스의 탄생

최근 엔터테인먼트 분야에서는 콘텐츠 개발 및 유통이나 신인 아티스트 발굴 자체를 가상공간을 고려하여 진행하고 있다. 엔터테인먼트 업계는 소속 아티스트들의 팬 미팅과 콘서트를 메타버스 안에서 개최하고 있으며, 실제 사람과 유사한 가상공간 인물인 디지털 휴먼을 자체적으로 개발하여 가수나 광고모델로 데뷔시키고 있다. YG 엔터테인먼트는 메타버스 플랫폼 제페토에서 아이돌 블랙핑크BLACKPINK의 팬 사인회를 개최하여 커다란 호응을 얻었고 미국의 팝가수 셀레나 고메즈Selena Marie Gomez와 함께 촬영한 뮤직비디오를 아바타로 구현하여 제작하기도 하였다. 이 뮤직비디오는 유튜브에 공개되자 1억 뷰 이상의 조회 수를 기록하는 등 사람들로부터 많은 호응을 얻었다. 한편 SM 엔터테인먼트는 신인 걸그룹 에스파aespa를 데뷔시키면서 총 8명의 멤버를 선정하였는데 그중 4명의 멤버는 디지털 휴먼이다. 즉 현실세계에 존재하는 인간 아티스트와 가상세계에 존재하는 아바타 아티스트가 함께 소통하고 교감한다는 콘셉트를 가지고 있는 것이다. 이렇듯 엔터테인먼트 분야에서도 메타버스 플랫폼을 새로운 시장으로 설정하고 그에 맞는 콘텐츠 발굴에 적극적으로 나서고 있다.

상황이 이렇다 보니 메타버스 플랫폼상에서 유통할 콘텐츠를 전문적으로 제작하는 기업들이 생겨나기 시작했다. 가상공간 콘텐츠를 제작, 기획하는 브이에이코퍼레이션은 촬영세트 전체를 LED 스크린으로 제작하고 AR, XR 기술 등을 활용한 버추얼 스튜디오를 마련하였다. 이 스튜디오는 영화, 드라마, 광고, 콘서트 등의 촬영장으로 사용되는데 벽 전체가 컴퓨터와 연결된 화면으로 제작되어 원하는 배경을 자유롭게 구현할 수 있다.

이 외에도 위지윅스튜디오, 자이언트스텝 등 혼합현실 기술 기반의 미디어 콘텐츠를 전문적으로 제작하는 기업들이 엔터테인먼트 회사의 제작의뢰를 받고 있다. SM 엔터테인먼트는 자체제작을 위해 KAIST와 협약하여 콘텐츠 분야의 기술협력, 디지털 아바타 제작 관련 프로젝트 등을 진행 중이다. 미래에는 아바타와 로봇도 중요한 셀러브리티가 될 것으로 예측하고 있는 셈이다.

최근 개인들도 메타버스 내에서 아바타를 통해 단편 드라마를 제작하고 유통하면서 메타버스가 새로운 미디어 콘텐츠 플랫폼으로 떠오르고 있다. 이러한 제작자와 시청자의 변화를 살펴볼 때, 앞으로 미디어를 활용한 엔터테인먼트 산업의 새로운 시장은 가상세계 속으로 확장될 것이다.

제페토로 제작한 'Ice Cream' MV
출처: 유튜브 '블랙핑크' 공식채널
(https://youtu.be/27h9SJcldM0)

◑ 분야별 메타버스 이용 유형

분야	이용 유형
정치	• 정치 공약 안내 등 선거활동
기업	• 제품 홍보 및 판매, 체험 전시회 • 각종 설명회, 사내 교육 및 회의
교육	• 온라인 강의 및 학습
금융	• 사내 교육 및 회의 • 향후 온라인 뱅킹과 같은 금융공간 마련
부동산	• 가상공간의 부동산 거래
건설	• 가상 모델하우스 구축, 분양상담
제조	• 시제품 개발, 제조공정 시뮬레이션, 현장 교육
예술	• 예술품 거래, 가상공간 전시회·영화관 구축
엔터테인먼트	• 콘서트, 팬 사인회와 같은 행사 개최 • 뮤직비디오, 드라마, 영화 제작 • 디지털 휴먼을 아티스트로 제작

메타버스는
어떻게 만들어지는가?

메타버스는 기술의 복합체이다. 메타버스에는 가상세계, 거울세계, 증강현실, 라이프로깅의 요소가 융합되어 있으며 이 요소들이 메타버스에 복합적으로 적용될 때 현실과 비슷한 환경이 만들어지게 된다. 그렇다면 메타버스를 구성하는 기술에는 어떤 것이 있을까?

4차 산업혁명을 대표하는 복합현실XR, 인공지능AI, 빅데이터, 5G, 블록체인 기술이 메타버스를 나타내는 기술이다. 이러한 기술들이 메타버스에 어떻게 활용되고 있는지 살펴보고, 이러한 기술들을 활용하여 글로벌 기업들은 어떤 기기를 개발했는지 알아보자.

1.
메타버스의 핵심요소

메타버스는 복잡한 개념이다. 닐 스티븐슨이 『스노 크래시』에서 제안했던 3D 가상세계라는 버전에서 더욱 확장된다. 3D 가상세계를 구성하고 상호작용 하는 현실세계(물리적 세계)의 물건(객체), 사용자(행위자), 인터페이스, 네트워크 모두를 포함한 것을 메타버스라고 말한다.

미국 ASP^Acceleration Studies Foundation는 2006년 메타버스 로드맵에서 메타버스의 개념을 정립한 바 있다. 메타버스가 영구적으로 활용되기 위해서는 현실세계가 가상을 통해 확장되어야 하고 가상세계는 현실에서 영구적임과 동시에 사용자 경험이 가능해야 한다. 또한 이 중 핵심은 사용자이다. 사용자가 메타버스를 사용하면서 현실과 가상을 넘나드는 것이 미래지향적 메타버스의 모습이다. 바로 『스노 크래시』의 주인공인 '히로'와 마찬가지로 말이다.

ASP의 메타버스 로드맵 1.0이 우선적으로 고려한 것은 새로운 사회적 공간인 메타버스를 정의하고 탐구하는 일이었다. 메타버스는 현실세계에서 SNS를 넘어 새로운 사회적 공간이 될 수 있다. 새로운 교류의 장으로 인식되는 메타버스의 핵심요소를 알아보자.

메타버스의
4가지 기본요소

메타버스를 구체화시키기 위해 네 개의 기본요소와 두 개의 핵심 연속체를 이해해야 한다. 연속체란 시뮬레이션과 증강을 이어 주는 기술, 세계와 개인을 이어 주는 기술이다. 증강은 확장된다는 뜻으로, 시뮬레이션과 연속체를 이룬다. 시뮬레이션과 증강이 이어진다는 것

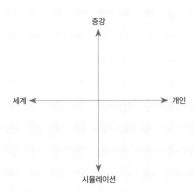

메타버스의 4가지 기본요소
출처: metaverseroadmap.org, 필자 정리

은 가상세계가 확장되는 과정을 의미한다. 시뮬레이션과 증강을 연결시키고 세계와 개인을 연결시키는 것이 모두 이루어질 때 메타버스가 구현된다.

① 증강과 시뮬레이션의 연속체

증강Augmentation은 기존의 시스템에 새로운 기능이 추가되는 시스템을 말한다. 현실세계에 대한 인식을 바탕으로 새로운 제어시스템과 정보를 계층화하는 것도 일종의 메타버스이다.

시뮬레이션Simulation은 완전히 새로운 환경을 제공하는 현실세계에 대한 모델링이다. 시뮬레이션 세계를 사용자들의 상호작용 중심지로 제공하는 것도 메타버스이다.

사용자는 시뮬레이션 세계에서 상호작용을 하고, 증강을 통해서는 현실세계에 대한 정보를 제공받는다. 예를 들자면 영화 〈레디 플레이어 원〉에서의 주인공의 상황과 동일하다. 주인공은 현실세계의 지정된 게임룸에서 활동을 하지만 게임 유저들과의 상호작용은 네트워크 속의 게임장소에서 진행된다. 증강을 통해 현실세계에 있는 디바이스의 제어시스템을 사용하고 시뮬레이션에서는 가상의 장소가 제공되어 하나의 메타버스가 완성된다.

② 세계와 개인의 연속체

외적 기술로 풀이되는 External은 전반적으로 세계를 향해 집중되는 기술을 의미한다. 이 책에서는 메타버스에 대한 이해를 위해 외적 기술External을 세계로 통칭한다. 사용자 주변의 세계에 대한 정보와 제어를 제공하는 것이 일종의 메타버스가 된다.

내적 기술Internal은 개인 또는 객체의 행동에 초점을 맞춘다. 사용자가 아바타나 디지털 프로파일ID을 사용하는 것, 시스템 내 행위자가 에이전시(기업 등의 대행자)를 통해 간접적으로 활동하는 기술도 메타버스가 된다. 인터넷상의 아이디를 만들어서 사용한다면 메타버스의 개인화된 기술을 사용하고 있다고 볼 수 있다. 즉 우리 대부분은 이미 메타버스의 유저인 셈이다.

세계와 개인이 연속체가 되어 이어진다면, 사용자는 공간을 제어할 수 있게 된다. 예를 들어, 가상의 세계를 탐험하는 사용자가 자신의 작은 방에서 앞으로 나아가면 곧 벽에 부딪히게 될 것이다. 이 부딪힘을 막기 위하여 가상의 세계에 가상의 물체(벽)를 배치하는 것도 메타버스의 역할이다. 사용자의 아바타는 가상의 물건을 피하고 계속 탐험을 하면서 가상의 세계와 현실의 나를 이어 주는 메타버스 시스템을 사용하게 된다.

메타버스의
4가지 융합요소

① 가상세계(개인+시뮬레이션)

가상세계는 개인의 경제적, 사회적 삶의 영위를 향상시킨다. 향

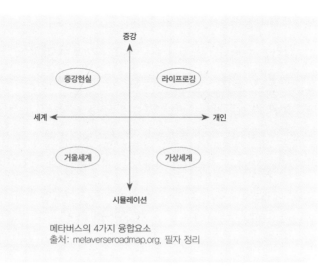

메타버스의 4가지 융합요소
출처: metaverseroadmap.org, 필자 정리

후에는 가상세계와 현실세계의 구분이 점점 더 어려워질 것으로 예측된다. 두 영역 모두에서 정체성, 신뢰와 평판, 사회적 역할, 규칙, 상호작용이 발생할 수 있기 때문이다. 우리는 이제 가상세계에서의 사회적 규범, 법과 제도의 영역이 어디까지 설정될 것인가에 대해 생각해보아야 한다.

• 가상세계의 기술

가상세계 시나리오의 핵심 구성요소는 사용자의 인격화된 캐릭터인 아바타에 있다. 현실세계에서와 마찬가지로 디지털 공간에서도 아바타의 레벨과 능력은 사용자에 따라 천차만별이다. 하지만 현실세계에서의 사용자 자신에 비해서 가상세계에서의 아바타가 사회적, 경제적, 기능적, 학습적 능력은 훨씬 뛰어날 것이다. 이것이 사용자들이 가상세계에 끌리는 점 중의 하나이다.

개인용 컴퓨터PC가 시장에 나온 1978년부터 가상세계는 존재해 왔다고 볼 수 있다. 영국 에식스대학University of Essex의 로이 트럽쇼Roy Trubshaw와 리처드 바틀Richard Bartle은 최초의 텍스트 기반 채팅세계, 즉 MUDMuti-User Dungeon를 개발했다. 이를 바탕으로 텍스트 커뮤니티가 함께 만들어졌다. 컴퓨터를 사용하는 사용자가 모니터 너머의 다른 사람과 자판-텍스트를 통해 상호작용을 하기 시작한 것이다.

스콧 애덤스Scott Adams는 마이크로컴퓨터용 첫 텍스트 어드벤처 비디오 게임인 어드벤처랜드를 선보이기도 했다. PC가 등장함과 동시에 '다른 현실'이 발현되는 디지털적 세상이 만들어진 것이다. 초반 텍스트 기반의 세계를 시작으로 그래픽이 발전되며 청소년들이 몰두하는 오늘날의 게임세상이 만들어졌다.

비디오 게임인 어드벤처랜드는 월드 오브 워크래프트WoW로 발전되었고, 최초의 텍스트 채팅세계는 세컨드라이프Second Life와 같은 소셜 기반의 매체로 진화하였다. 두 매체는 서로 다른 지향점을 가지고 있다. 월드 오브 워크래프트와 같은 게임은 목표지향적이다. 게임 안에서의 사회적 상호작용은 이를 위한 하나의 도구로 사용된다. 반면 세컨드라이프와 같은 소셜 가상세계에서는 사회적 상호작용이 좀더 이상향적인 목표와 가치구조를 획득하기 위해 사용된다.

월드 오브 워크래프트와 같은 게임에서는 플레이를 계속 진행할 만한 스토리의 확장을 유지하는 것이 모든 사용자들의 바람이자 제작사의 도전이었다. 이러한 확장성의 한계를 소셜 가상세계에서는 넘어

IBM 최초의 개인용 컴퓨터
(© Federigo Federighi)
출처: https://commons.wikimedia.org/
wiki/File:IBM_Personal_Computer_
(1981).jpg

설 수 있을 것으로 예견한다.

가상세계와 거울세계(미러월드: 물리적 공간을 모델링한 가상공간)는 모두 객체 생성 도구를 제공한다. 그러나 게임 기반의 가상세계에서는 객체 생성이 일종의 수입원이기 때문에 시스템 규칙에 의해 제한된다. 거울세계에서 창조는 현실을 반영하는 기본 원칙에 의해 자동적으로 제한된다. 이런 의미에서 오직 소셜 가상세계에서만 창조과정이 진정으로 개방적이며 많은 사람들이 오픈소스를 사용할 수 있게 된다. 소셜 가상세계가 장기적으로 오픈소스를 개방할 것인지, 아니면 독점 플랫폼 위에 오픈소스를 제한적으로 사용할 수 있게 할 것인지가 앞으로의 화두이다.

• 제페토의 제한적 오픈소스

메타버스의 개념을 인지하고 소셜 가상세계를 시장에 내보인 제페토의 오픈소스에 대해 알아보자. 오픈소스는 소프트웨어상에서 새로운 프로그램을 만들 수 있게 공개하는 설계도를 의미한다. '오픈'에서 알 수 있듯이 무료로 공개되기 때문에 접근성이 높다. 따라서 프로그래머가 오픈소스로 프로그램을 만들어서 판매하는 것까지 가능하다. 예를 들어 애플 생태계에서 기초 소스코드를 배포하여 개인 혹은 기업이 자체 애플 소프트웨어를 만들 수 있게 하는 것이 있다. 실제 애플이 배포하는 소스코드는 소프트웨어 기술자가 사용하는 소스코드이다. 사실상 일반인이 소스코드를 이용해서 무언가를 창조해 내기는 어렵지만, 소프트웨어 전문가들은 지식을 기반으로 소스코드를 이용하여 애플 생태계 안에서 무한한 프로그램을 만들어 낼 수 있다.

제페토에서는 오픈소스를 공개하지 않는다. 다만 제페토 스튜디오라는 제한적 서비스 안에서 캐릭터를 꾸밀 수 있는 의상을 만들어 팔게 하고, 개인의 공간을 자유롭게 설계할 수 있도록 한다. 애플이 애플리케이션을 만들 수 있게 오픈소스를 전체 공개한 것에 비해 제페토는 제한적인 오픈소스를 공개하고 있는 셈이다. '제품을 만들어서 파는 것'까지만 허용한다는 것이다. 애플과 마찬가지로 완전한 개방을 하려면 단순 아바타 수정을 넘어선 오픈소스가 필요하다. 특히 제페토에서 서비스될 게임의 오픈소스를 우선적으로 공개하는 것이 중요하다.

게임이라는 매체는 사용자의 흥미를 유발하고 집중도를 올리기 때문에, 단순 오락뿐만 아니라, 교육, 사회활동 행위 모두에 활용할 수 있다. 게임 기반의 서비스가 제공된 이후, 제페토의 활용성을 높이기 위한 소셜 기반 프로그램들이 차례로 나올 것이다. 실제 네이버 제페토는 게임, 영상 콘텐츠 등을 만들 수 있는 서비스를 예정하고 있다. 물론 오픈소스가 아닌 제페토 프로그램 안에서의 서비스이다.

현재 제페토에서는 나무를 깎아 인형을 만드는 것처럼 아바타를 생성할 수 있다. 사용자는 자신의 제페토에 어울리는 인형 옷(아바타 의상)을 만들 수 있으며, 시장에서 판매할 수 있다. 제페토가 사는 공간 만들기(빌드잇)를 허용하고 있지만 이 서비스는 오픈소스라기보다는 사용자가 쉽게 게임공간을 꾸미게 하는 정도의 초기 단계에 불과하다.

네이버의 제페토는 제한적인 오픈소스를 천천히 공개하며 가상세계를 확장하고 있다. 이는 어디까지나 메타버스 제공자의 철학에 따른 것인데, 점차적인 공개를 통해 사용자의 서비스 이용 수준을 가늠하겠다는 시도로 보인다.

메타버스 로드맵에서 언급한 바에 따르면 소셜 가상세계의 이점은 개체 생성 도구, 즉 오픈소스의 개방성이다. 현재 제페토는 오직 '제페토의 옷'만을 개방했다고 볼 수 있다. 제페토가 소셜 가상세계를 운영하는 방식으로는 BTS나 블랙핑크와 같은 아이돌과의 소통, 해외 명품브랜드와의 협업 등이 있다. 이에 따라 제페토의 주 공략층인 청소년들이 호기심에 가상세계로 들어가고, 또래들과 공통의 관심사로 소통한다. 여기에 추가되는 것이 개인의 개성을 표현하는 아바타의 외모(제페토의 옷) 정도인 것이다. 제페토 오픈소스의 제한된 개방성이 게임이나 영상에서 어디까지 오픈될 것인가 하는 점도 앞으로 흥미롭게 지켜볼 만한 요소이다.

• 가상세계의 미래

가상세계의 경제적, 정치적 기능은 전통적인 사회의 수준을 능가할 수도 있다. 2006년에 작성된 메타버스 로드맵에서는 대략 2026년 이후에는 커뮤니케이션, 엔터테인먼트, 일, 교육, 쇼핑, 데이트 등 모든 것을 가상세계에서 실행할 수 있으리라 예견했다. 다만 전제조건은 청소년이 가상세계라는 매체에 익숙해져야 한다는 점이었다. 현실세계가 점점 더 제한적이고 엄격해질수록 도피처인 가상세계에서 삶을 영위할 것이라는 의견도 있었다.

국내에서는 과거 싸이월드가 이 역할을 하고 있었다. 지금은 사라진 인터페이스이지만, 당시 미니홈피에 가상의 방(미니룸)을 만들고 서로의 방에 놀러 갈 수도 있게 하여 인기를 끌었다. 제한적이었던 싸이월드 인터페이스는 현실세계에서 진행되는 삶의 방식과 달랐으며, 새롭게 등장한 소셜 가상세계로 인해 점차적으로 이용자가 줄어들면서 사람들의 기억에서 잊혀졌다.

로드맵에서 새로이 예견한 가상세계의 주인은 엔터테인먼트 회사이다. 엔터테인먼트 산업에서 축적된 컴퓨터 그래픽 기술이 가상세계의 새로운 대들보가 될 것이라는 추측이다. 컴퓨터 그래픽 기술은 사용자의 얼굴 표정과 캐릭터를 동적 매핑하여 아바타에 생기를 불어넣는다. 사용자는 실제 같은 안면근육을 가진 아바타에게서 현실감을 느끼게 된다.

이와 함께 필요한 기술은 대화 인터페이스 플랫폼이다. 가상세계의 사용자가 자리를 비운 사이 다른 사용자를 붙잡아 두는 건 사람처럼 말할 수 있는 AI이기 때문이다. 언제 어디서든 나와 함께 대화하는 AI가 있어야 다른 곳으로 눈을 돌리지 않을 것이다.

가상세계에서는 아바타를 선택할 수 있기 때문에, 실제 사용자의 성별, 인종 등을 꾸며 낼 수 있다. 번역까지 완벽해진다면 국적을 꾸미는 것도 어렵지 않게 된다. 특정한 사회적 그룹을 묶기 어려워지게 되는 가상세계에서 기존의 성별, 인종, 사회적 그룹의 가치와 목표는 어떻게 될지, 그리고 현실에서의 규범과 가상세계에서의 규범은 어떻게 변화될지 생각해 보는 것도 의미 있는 일이 될 것이다.

② 거울세계(세계+시뮬레이션)

거울세계는 현실세계의 정보를 확장한 가상의 모델 혹은 그대로의 거울이다. 정교하게 설계된 가상의 매핑, 모델링 및 주석annotation 도구, 지리공간 및 기타 센서, 위치인식 및 기타 라이프로깅(이력 기록) 기술이 포함된다.

• 거울세계의 기술

현실세계와 명백히 구분되는 가상세계와는 달리 거울세계는 우리 주변의 세계를 모델링한다. 거울세계의 잘 알려진 예로 카카오맵 로드뷰가 있다. 이는 지리정보시스템GIS: Geographic Information Systems이라고도 하며 거울세계의 다양한 종류 중 하나라고 볼 수 있다.

최초의 거울세계 맵은 전통적인 지도를 기반으로 하였으며, 위성 및 항공기를 통한 이미지로 업데이트되었다가 현재 카메라가 장착된 자동차가 촬영한 지상 기반 이미지로 보강되고 있다. 맵을 통해 수익을 창출하는 기업에서는 사용자가 원하는 정보를 꾸준히 계층화시켜 추가하고 있다.

• 거울세계의 미래

급진적인 예견은 거울세계가 '지리의 종말'을 부를 것이라고 한다. 이에 따르면 국경, 도시 및 공간적 위치에 대한 개념이 수정될 수 있고 가정용 거울세계가 새로운 시장이 될 것이다. 즉 보안, 부동산 보험, 이사 및 보관, 임대 및 물물 교환, 인테리어 장식, 건설 및 주택 자동화까지 거울세계에 영향을 받을 것이다.

거울세계를 특히 화상회의에 매력적인 플랫폼으로 지목할 수 있는데, 실제로 코로나바이러스로 인해 이와 같은 거울세계가 현실화되

거울세계의 일종인 온라인 수업
출처: https://commons.wikimedia.org/wiki/File:Online_class_Kerala_2021.jpg

었음을 알 수 있다. 이전까지는 테스트베드상의 기술로만 존재했던 화상회의가 전 세계인이 사용하는 일상 기술이 된 것이다. 아이들은 온라인 플랫폼으로 수업을 듣고, 성인은 화상회의를 통해 업무를 조절하는 것처럼 말이다.

③ 증강현실(세계+증강)

증강현실은 위치시스템, 현실세계에 대한 인식, 개인이 아닌 세계로 확장되는 네트워크 서비스 등을 모두 계층화하고 인터페이스화한다. 세계는 확장되고 증강되어 더 큰 세계인 메타버스가 된다.

• 증강현실의 기술

역사적으로 증강현실의 개념은 거울세계와 포지셔닝 네트워크의 출현을 기반으로 한다. 여기에 미국의 GPS가 추가되었고, 현재는 지리적 정보를 활용한 서비스가 일반적 형태로 삶에 적용되어 있다. 증강현실은 지능형 기술의 개발, 물리적 개체 및 공간에 내장된 네트워크 컴퓨팅 인텔리전스인 '스마트 환경'에 달려 있다. 흔히 '사물인터넷IoT'이라고 불리는 현재의 기술을 모두 포함한다. QR코드를 활용한 일련의 기술, 예로 개인에게 부여된 입장코드 등도 넓은 범위의 증강현실로 구분한다.

증강현실은 사용자가 가상정보에 어떻게 접근하는지에 따라서도 달라진다. 한 가지 유형은 헤드업Head-up 디스플레이나 모바일 뷰스크린 등을 통해 정보를 제공하는 것이다. 모바일 뷰스크린은 스마트폰 화면을 사용하여 증강현실을 확인한다. 자동차의 헤드업 디스플레이는 운전자의 가시 영역에 정보를 제공한다. 안경을 통해 평상시에는 현실세계를 보다가 증강현실이 입혀진 개체를 응시하였을 때 관련 정보가 나타나는 것도 헤드업 디스플레이 기술이다. 안경에 사용되는 마이크로비전은 사용자의 망막에 직접 가상 이미지를 그리는 작은 레이저를 사용하기도 한다.

핸드폰과 자동차의 내비게이션 스크린과 같은 전통적인 시각적 인터페이스는 사용자들에게 익숙한 유형이다. 2006년 메타버스 로드맵에서는 경량 디스플레이가 손과 손목의 뒷면을 커버하는 모바일

필립스와 리바이스의 컬래버레이션으로 개발된 웨어러블 기기(2000)
출처: https://www.collater.al/en/philips-levis-icd-vision-massimo-osti-style-2/

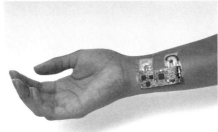

건강상태를 확인하거나 신경이 마비된 사람들이 위험을 감지할 수 있도록 돕는 전자피부
출처: https://news.networktigers.com/industry-news/electronic-skin-that-could-restore-lost-sensation-and-detect-disease/

웨어러블 디바이스를 예상했다. 다소 큰 크기인 이 웨어러블 디바이스의 배터리는 허리쯤에 벨트 형태로 차야 한다. 또 다른 방식으로는 이어피스를 통해 음성이나 정보를 주고받는 상호작용 인터페이스가 있다.

현재 우리가 사용하는 디바이스는 2006년에 예견한 웨어러블 디바이스의 아이디어를 일부 실현한 것처럼 보인다. 과연 미래의 디바이스는 어떻게 달라질까?

• 증강현실의 미래

증강현실은 향후 표준 인터페이스를 통해 사용자 중심의 잠재적 정보와 기록을 가진 세계를 제공할 것이다. 따라서 핸드폰에서 최초로 AR 운영체계 및 표준을 제공하는 기업은 미래의 중심 플레이어가 될 수 있다. 한편 가상현실과 관련된 데이터가 확산됨에 따라 정보의 과부하가 보편적인 문제로 떠오른다. 이에 대한 사전적 규제 방안 및 제어법을 가지고 있는 기업이 증강현실 플랫폼을 선점하리라 예견된다.

④ 라이프로깅(개인+증강)

라이프로깅에서 증강시스템은 사용자가 사용하는 디바이스의 메모리, 관찰 데이터, 통신 및 모델링, 심적 상태 및 건강을 기록하고 보고한다. 건강기록은 다양한 상태, 환경 및 조건에 대한 정보를 종합하여 제공된다. 심적 상태에 대해서는 아직 정확한 정보를 제공하지 않는다. 하지만 앞으로 건강기록과 더불어, 사용자가 특정 심적 상태에 있을 때 디바이스에서 사용하는 서비스가 어떤 형태인지, 사용시간과 빈도 등의 정보까지 포함하여 제공될 가능성이 있다.

개개인의 라이프로깅을 통해 사람들은 자신의 삶에 대해 동일한 기준에 맞춰진 그러나 서로 다른 기록을 만든다. 삶의 궤적에 따라 라이프로깅은 변화하고, 이러한 정보들은 네트워크에 저장된다. 향후 사용자들은 좀 더 세밀한 라이프로깅을 원할 것이란 예상 아래, 라이프로깅은 새로운 센서의 개발을 주도할 것으로 보인다.

• 라이프로깅의 기술

라이프로깅은 사물과 사람의 일상적인 경험과 정보를 기록, 저장 및 배포하는 것을 의미한다. 우리는 이를 통해 유용한 지난 상황과 현재의 상태에 대한 정보를 제공받고, 다른 사람들과 비일상적인 순간 또한 경험할 수 있게 된다. 최근에는 연결성, 네트워크 대역폭, CPU의 저장용량, 센서의 정확도, 소형화 등 종합적인 기술 개선과, 상용화를 통한 경제성 확보 등을 바탕으로 발전이 가속화되고 있다. 근래 출시된 갤럭시 워치 4의 체성분, 수면정보, 심전도, 운동량 측정은 모두 라이프로깅 기술의 한 예이다.

라이프로깅 기술은 두 가지 주요한 기능을 제공한다. 첫째로, 자신의 삶에 대한 기록이다. 현재 핸드폰이 이 기능을 총체적으로 관리하고 있다. 평일의 기상시간과 수면시간은 어떤지, 수면의 질은 어떤지 판단한다. 하루에 얼마나 걸었는지 확인하고, 운동량이 적다고 판단하면 운동을 제안한다. 두 번째로, 삶의 경험을 함께 공유하고 집계할 수 있도록 한다. 지도 애플리케이션에서 여행지에 태그되어 있는 사진들, 후기들은 사람들의 경험을 공유하게 한다. 이미 라이프로깅은 삶에 깊이 자리 잡은 메타버스라고 할 수 있다.

라이프로깅은 자동차 기술의 발전과도 연관이 깊다. 2006년 메타버스 로드맵에서 예상한 자동차 기술은 도난방지, 사고예방, 즉각적인 신고 등과 관련된 것이었다. 이 기술들은 최근의 자율주행차에도 적용된다.

• 우리 자동차의 라이프로깅

우리나라 산업통상자원부는 2027년 자율주행차 기술강국 도약을 위한 기술개발 혁신사업을 추진하고 있다. 자율주행이 가능한 스마트카 기술은 시스템, 센서·반도체, 인프라로 분야를 나누어 살펴볼 수 있다. 우선 자율주행이 가능하려면 차량은 자율주행의 3대 핵심기능인 인지, 판단, 제어시스템을 갖추어야 한다. 즉 운전에 대한 기본적 인지를 갖춘 뒤, 실시간으로 변하는 교통상황을 판단하고, 최종적으로 제어하는 과정이 AI 컴퓨팅 모듈로 시스템화되어야 하는 것이다. 다음으로 센서는 사람의 오감에 해당하는 자동차의 감각신경이며, 반도체 환경은 감각이 신경과 뇌를 거쳐 최종적으로 운동으로 이어지는 것처럼 자동차가 외부환경에 대응하게 만드는 역할을 한다. 이러한 센서와 반도체, AI 컴퓨팅 모듈을 갖추고 실시간으로 교통상황을 제어하기 위해서는 마지막으로 네트워크 인프라가 필수적이다. 따라서 앞으로 차량-인프라 간 고속통신을 통한 정밀 맵 전달 기술, 인프라와의 초저지연 연결을 위한 5G 통신 기술을 중점적으로 발전시킬 것으로 보인다.

• 라이프로깅의 이면

라이프로깅은 이미 우리 삶에 깊이 들어와 있다. 따라서 여기에서는 해외의 잘못된 라이프로깅 예를 보여 주려 한다. 라이프로깅은 개개인의 일상적 삶의 모습을 기록하기 때문에 감시와 신고의 수단이 될 수도 있다. 잘 알려진 중국의 디지털 '빅 브라더'가 그 예이다. 중국은 개개인들이 사용하는 인터넷과 각종 SNS를 감시, 통제하고 있다. 공산당에서는 특정 국민에 대해 날짜별로 활동을 추적할 수도 있으며, '빅 브라더'에 신고되면 '역사적 허무주의자'라는 이름 아래 법적 처벌까지 가능하다. 조지 오웰의 『1984』가 예견했던 일들이 기술 발전과 전 세계적 팬데믹의 파도를 타고 중국 국민에게 현실이 된 것이다. 다른 여러 나라에서는 디지털, 데이터 보안과 관련된 법들을 제정하였다. 우리나라에서 화두에 올랐던 개인정보보호법도 라이프로깅의 악용을 원천 봉쇄하기 위한 것이라고 볼 수 있다.

일본에서 예견한 메타버스,
그리고 현실

2006년 메타버스 로드맵이 세상에 얼굴을 내밀었던 당시만 해도 일본은 세계 IT 업계의 선두를 달리고 있었다. 당시 일본의 노무라종합연구소 또한 IT 전문가들을 흥분시킨 '메타버스'의 출현에 답변을 하면서 메타버스 로드맵을 그린 바 있다.

노무라종합연구소에서는 2006년부터 2012년까지 다소 짧은 기간의 로드맵을 작성하였다. 우선 2008년까지를 '여명기'라 하였다. 가상 세계 전체의 콘텐츠 양이 증가하여 이를 이용하고, 다시 새 콘텐츠가 증가하는 시기라고 설명했다. 그리고 이후 2009~2010년에는 '보급기'가 올 것이라고 전망했다. 그래픽 성능이 향상된 PC, 즉 하드웨어의 발전으로 비즈니스가 본격화할 것이라 예상한 것이다. 하지만 로드맵에서의 예상과 다르게 메타버스는 2007~2008년 동안 활발한 연구를 진행하다가 사그라들었다. 사용자가 가상의 세계를 이용하려면 우선 데이터 확보가 필요한데, 당시에는 빅데이터 산업이 발전하지 않았기 때문이다. 덧붙이자면 현재 주목받고 있는 하드웨어는 의외로 세계적인 스타인 BTS의 응원봉이다. BTS의 공식 응원봉 '아미 밤'은 전용 앱을 통해 블루투스로 연결하면 주최 측에서 음악에 맞춰 시시각각 응원봉의 색을 바꿔 준다. 메타버스의 영역은 생각지도 못한 다양한 곳으로 확장되고 있다.

이른바 '보급기'에는 기술에 대한 법률검토도 함께 이루어져야 한다. 현재 대한민국에서 화두가 되는 것은 '구글 갑질 방지법'이다. 구글 갑질 방지법은 구글이나 애플과 같은 애플리케이션 시장관리 기업이 특정 결제 방식을 고집하는 것을 방지하는 법안이다. 애플리케이션 시장 자체를 애플의 앱스토어, 구글의 구글플레이가 독점하고 있기 때문에 발생하는 갑질을 제한하고자 하는 것이다. 해외에 비해 삼성 휴대폰을 많이 사용하는 우리나라의 실정에 맞추어 구글의 인앱결제 강제 정책을 막기 위해 정치인들이 법안을 제출하였다.

인앱결제는 유료 콘텐츠를 해당 애플리케이션 안에서 결제하게 한다. 만약 넷플릭스나 웨이브 같은 OTT 구독 결제를 핸드폰 내의 애플리케이션을 통해 진행하면 30~40%의 금액이 추가 부과되는 것이다. 구글의 청사진에 따르면 2021년 10월부터 인앱결제를 통한 총 결제금액의 30%는 구글의 자산으로 활용될 예정이었으나, 국내에서는 구글 갑질 방지법으로 인해 인앱결제를 통해 얻게 되는 부당이익인 수수료의 부과가 어려워졌다.

이처럼 기술에 대한 법률검토가 함께 이루어져야 메타버스 안에서 살아가야 하는 소비자들의 피해를 줄일 수 있다. 기술을 사용할 때마다 수수료가 부과된다거나, 독점으로 인해 가격이 치솟는다거나 하는 문제점들에 대한 예측이 필요한 시점이다. 메타버스가 '가상의 땅', '홈그라운드'까지 발전할 수 있음에 동의한다면, 이와 관련된 공공기술과 공공법안의 제출에도 신경 써야 할 것이다.

'분화·전개기'는 2010년 이후로 예상했다. 이 시기는 3D 가상세계를 만드는 오픈소스의 본격화를 의미한다. 노무라종합연구소는 메타버스가 발전된 형태인 멀티버스까지 예측하였으며, 가상세계 안에서의 또 다른 세계를 구상하였다.

이와 같이 일본은 2012년까지 원대하게 메타버스 로드맵을 그렸으나, 이 로드맵은 사용자와 보급성을 고려하지 않아 메타버스 청사진으로서의 역할에서 벗어나게 되었다. 다음으로 5대 IT 기업의 메타버스 사업 현주소, 그리고 전망을 살펴보자.

5대 IT 기업의
메타버스 기술개발 현황과 전망

① 애플의 증강현실 생태계 설계

2021년 현재로부터 빠른 시일 내 구현이 가능한 기술들을 비교하고 살펴보자. 다음 이미지는 가상으로 작업한 애플 글라스의 모습이다. 인터넷에 공개된 도면을 보면 애플 글라스가 어떻게 작동할지 유추가 가능하다. VR기술이 사용자의 안경에 접목된 형태로 출시될 것이다. 이미 애플은 VR이나 AR 헤드셋에서 사용자의 시력을 향상시키기 위해 유체를 사용하여 렌즈 모양을 자동으로 조정하는 기술의 특허를 출원한 바 있다. 애플 글라스가 특별한 것은 국제법에 따른 개인정보보호 제재를 피하기 위해 글라스 자체에 카메라를 달지 않았다는 것이다. 사용을 위해서는 보조적인 디바이스들이 필요한데, 이미 출시된 애플 워치와 에어팟이 애플 글라스가 완벽한 AR 기술을 구현하

애플 글라스 렌더링 이미지
출처: https://appleinsider.com/articles/21/01/12/apple-glass-may-unlock-your-iphone-automatically

에어팟에 접목된 공간사운드
출처: https://www.patentlyapple.com/patently-apple/2020/09/apples-spatial-audio-file-format-revealed-in-new-patent-filing-prior-to-spatial-audio-debuting-on-airpods-pro.html

도록 도와 줄 보조기구로 예상된다.

애플은 지정된 사용자가 글라스를 사용하였을 때만 개인정보가 보이도록 할 것으로 예상된다. 더불어 글라스에는 LiDAR 센서가 삽입

될 것으로 보이는데, 이는 카메라가 없어도 지리적 위치, 방향, 아이 트래킹 등 모든 센서 감지에 대한 보장성을 높인다. 안경이 제공하는 증강현실에서는 손목에 달린 워치로 제스처를 취하는 것 또한 가능하리라 보인다. 에어팟의 경우 이미 공간사운드라는 기능을 탑재했는데, 미래에 AR 게임을 위해 가상의 3D 공간을 만들어 주는 청각적 보조장치로 쓰일 것이 예상된다. 이와 같이 애플은 향후 메타버스 세계에서 자신들의 기술적 생태계를 구축하기 위해 노력하고 있다. 우리 삶에서 친근하고 필수적인 시계, 이어폰, 안경을 차례로 선보이며 기술에 대한 거부감을 없애고 애플 생태계에 기댈 수밖에 없도록 천천히 작업 중이다.

② 구글 알파벳Alphabet의 글라스

구글은 구글 어스를 개선한 메타버스 지도를 개발하고 있다. 2012년부터 개발한 구글 글라스는 스마트폰과 비슷한 디바이스로 AP칩, 램, 카메라, 스토리지, 안드로이드 OS가 모두 장착되어 있다.

구글

덕분에 스마트폰 없이도 글라스만으로 작동이 가능하고 AR 기술의 구글 맵스 라이브뷰 서비스도 진행 가능하다. 구글 글라스를 착용한 사람은 현실 기반으로 활동하면서도 글라스에 비치는 정보를 얻을 수 있다. 구글 맵을 기반으로 구글 어시스턴트, 구글 네스트, 구글 핏빗에 모인 정보가 합쳐져 가상의 맵을 제공하는 셈이다.

③ 페이스북의 연결성을 기반한 메타버스

페이스북은 이미 전 세계의 사용자를 가지고 있는 SNS 플랫폼이다. 2019년부터 메타버스를 위한 VR 소셜 플랫폼인 '페이스북 호라이즌' 프로젝트를 진행 중이다. 호라이즌은 유저들이 게임을 만들고 다른 사람들을 초대하여 함께 즐기는 가상공간이다. 페이스북은 이를 포함해 3가지의 메타버스 사업을 동시에 진행하고 있는데, 다른 두 가지는 AR 글라스, 오큘러스 비즈니스이다. AR 글라스는 페이스북 내 혁신부서에서 진행하는 프로젝트이다. AR, VR을 담당하는 리얼리티 랩스FRL: Facebook Reality Labs 연구진이 스마트 글라스와 함께 촉각장갑과 손목밴드를 선보였다. 최고의 VR 기술을 보유한 오큘러스와도 협업을 하고 있다. 오큘러스와 관련해서는 플랫폼을 오픈했는데, 오큘러스를 실제로 착용한 뒤 사용자가 좋아하는 가구와 소품으로 방을 꾸미고, 페이스북 친구들과 게임을 즐기거나 함께 TV를 시청하는 것이 가능하다.

2020년 9월에는 '인피니트 오피스' 같은 미래형 사무실도 공개했다. 재택근무 상황에서 동료들과 바로 협업이 가능한 형태의 공간이

페이스북

다. 현재 화상회의 정도만 진행하는 낮은 단계의 메타버스에서, 가상의 사무실을 공유하는 형태가 되어 소속감을 일으키는 것이 가능하다. 이에 따라 기업 자체의 부동산에서도 변화가 감지된다. 국내 다수의 기업도 본사 건물을 대여하는 형식으로 자본의 유동성을 꾀하는 가운데, 사원들에게 기본적 오피스 물품만 제공하고 법인 건물을 없애는 등 사무실 공간의 미래화가 일어나고 있다.

④ 마이크로소프트 메시 영상 기술

'메시Mesh'는 사용자들끼리 서로 소통이 가능한 AR, VR 플랫폼이다. 이 플랫폼 위에 홀로렌즈가 더해져 사용자들은 비대면으로 만나서 게임과 업무가 가능하다. 홀로렌즈는 기존의 AR 글라스, VR 헤드셋과는 다른 느낌으로, 현실 위에 홀로그램이 펼쳐지고 이를 손동작으로 제어하는 기기이다. 마이크로소프트는 이미 반도체를 자체 개발하고 있는 만큼 향후 제공할 메시 서비스에 대한 기대감이 커지고 있다. 다만 홀로렌즈가 이미 2015년에 개발되었지만 상용화가 되지 않은 탓에 이를 이용한 메쉬 서비스의 상용화 시기도 아직까지는 예단이 어렵다.

한편 마이크로소프트는 애저Azure라는 클라우드 서비스를 제공하고 있다. 마이크로소프트의 윈도우는 전 세계에서 가장 많이 사용하고 있는 운영체제이다. 이 윈도우를 원격지에서 구동하는 방식을 통해 대용량 데이터를 처리하는 애저 기술이 메타버스 스타트업 회사의 호응을 얻고 있다. 교체주기가 다소 짧은 컴퓨터를 구입하는 대신 애저 클라우드 컴퓨팅을 사용하는 것이다. 아직까지는 아마존의 AWS에 비해 시장점유율이 낮지만, 가격 경쟁력이 보장된다면, 신진 메타버스 스타트업은 범용성이 높은 애저 클라우드 컴퓨팅을 선택하는 비율이 높아질 것이다.

⑤ 아마존의 메타버스 저장소

아마존은 메타버스의 1차 기술인 AR, VR 영상 기술 혹은 관련 디바이스 기술을 보유하고 있지 않다. 그러나 글로벌 클라우드 시장의 32%를 점유하고 있다. 소비에 기반한 데이터와 그 데이터센터를 가지고 있는 아마존은 빠른 시일 내 메타버스의 기반 기술을 다질 것으로 예상된다. 아마존은 특히 기업을 대상으로 클라우드 서비스를 제공한다. 데이터센터를 회사 내에 두는 것보다 외부에 아웃소싱하는 것이 경제적이기 때문에 많은 기업들이 아마존을 선택하고 있다. 메타버스를 운영하는 기업들은 모두 용량이 큰 저장소, 처리속도가 빠

아마존

르고 안정적인 슈퍼컴퓨터와 네트워크가 필요하므로, 메타버스가 운영되기 위한 사회간접자본의 약 30%를 아마존이 제공할 수 있을 것으로 보인다.

아마존은 소규모 메타버스 사업도 진행 중이다. 2021년 아마존은 영국 런던에 헤어샵을 오픈했다. 고객은 증강현실을 통해 염색, 커팅, 파마 등을 사전에 시뮬레이션하는 것이 가능하다. 핸드폰으로 간단히만 구현되었던 이전 기술과는 다르게 정교한 그래픽을 제공한다. 향후 아마존은 가상현실을 활용한 원격여행 서비스도 진행 예정이며 드론 배송 서비스도 메타버스로 확장될 예정이다.

2.
메타버스를 구성하는 기술

메타버스는 XR, AI, 빅데이터, 5G 네트워크, 블록체인 등 범용 기술로 불리는 것들의 복합체다. 앞서 메타버스의 4가지 핵심요소에서 각 기술이 어떻게 상용화되었는지 볼 수 있었다. 이 장에서는 각 기술에 대해 좀 더 자세히 알아보도록 하자.

VR에서 XR까지,
리얼리티의 세계

디바이스와 네트워크를 통해 만들어지는 메타버스는 일종의 사이버스페이스Cyber Space, 가상세계Virtual World, 가상현실VR: Virtual Reality, 가상환경Virtual Environment과도 비슷한 개념이라 할 수 있다. 가상현실뿐만 아니라 증강현실AR: Augmented Reality, 혼합현실MR: Mixed Reality, 확장현실XR: Expended Reality 등도 메타버스의 이해를 위해서 알아 두어야 할 개념이다. VR, AR, MR은 실감 영상 기술로 개념과 체험 방법에서 차이가 있다.

VR은 컴퓨터를 사용하여 가상을 마치 현실과 같이 느끼게 하는 영상 기술을 의미한다. 머리에 HMDHead Mounted Display 디바이스를 착용하고 가상의 공간에서 사용자가 현실과 같이 스스로 판단하고 방향을 제어할 수 있다. 예를 들어 여행을 가기 전 3D, 360도 시뮬레이션을 통해 장소를 경험하는 것이 가능하다. VR 헤드셋을 사용하여 전체 교실을 시뮬레이션할 수도 있다. 수업에 VR 헤드셋을 사용하여 수업 효과를 높이는 '클래스 VR'이라는 것도 있다.

AR은 VR과 다르게 가상의 이미지를 바탕으로 하는 대신, 현실의 이미지에 3차원 가상의 이미지를 입혀 단일 영상을 송출해 주는 기술을 의미한다. 즉 VR은 단순 픽셀로 만들어진 가상의 현실이지만, AR은 현실을 배경으로 제어가 가능하다. AR은 주로 스마트폰이나 스마트 글라스 등 대중화된 기기로 시현된다. 구글 지도는 AR을 사용하여 실제 공간에서 탐색하는 사람들을 위해 방향을 알려 준다.

MR은 VR과 AR을 혼합한 방식이다. 즉 가상과 현실을 융합하여 공간을 만들고 시각, 후각, 청각정보를 실시간으로 혼합하여 사용자와 커뮤니케이션할 수 있는 첨단 정보 기술이다. 예를 들어 가상의 물체를 현실공간에 올려놓거나, 현실의 물건을 인식하여 주변의 가상공간을 구성하는 기술이다. MR이 발전되면 TV, 모니터, 스크린 등 출력

2. 메타버스를 구성하는 기술

VR, AR, MR, 그리고 모든 것이 혼합된 XR
출처: envision-is(https://envision-is.com/xr/)

기기가 필요 없어지게 될 수 있다.

XR은 VR, AR, MR보다 상위의 개념이며, 기술 발전으로 현실-가상세계, 인간-기계의 상호작용이 모두 결합된 형태를 뜻한다. 현재는 가상현실, 증강현실, 혼합현실 모두를 포괄하여 상위개념인 XR로 사용하기도 한다. MR에서는 가상에서 현실로 혹은 현실에서 가상으로 선택을 해야 하지만, XR에서는 양방향의 소통이 가능하다. 예를 들어, 사무실에 앉아 헤드 디바이스와 햅틱을 착용한 상태에서 자동차 공장의 물건들이 시뮬레이션되고, 실제로 자동차 공장에서는 사용자의 모션을 읽어 조립이 되는 형태이다. 이 때문에 대체로 위험성이 있는 작업장에서 사용될 가능성이 높다. 예로 원자력 폐기물을 효과적으로 제거하는 작업이나 군사 작업에 사용될 수 있다.

실감형 콘텐츠,
메타버스

실시간 인터랙션 콘텐츠는 "실시간 렌더링 엔진에 의해 구현된 프로그램 기반 실감형 콘텐츠"*이다. 증강현실과 가상현실 서비스 구현의 핵심 기술이며, 오감을 통해 직접 체험하도록 한 특수한 3D 영상 등을 통신을 통해 양방향 서비스가 가능하도록 구현한다. 재료공학의 발전으로 센서가 개발 중이며, 센서를 제어하는 소프트웨어까지 핵심 기술 분야로 주목받고 있다. 감각을 통한 영상 기술을 송출하기 때문에 콘텐츠, 단말기, 방송 장비 등 미디어 산업과 연관되어 있다. 실시간 인터랙션 콘텐츠는 감성 실감형 미디어 산업분야의 기반 기술로서 주목받고 있는 분야이기도 하다. 메타버스에서는 현실과 가상세계의 괴리를 없애는 것이 중점이 되므로, 첫 번째로 도전을 받고 있는 분야이다.

자연스러운 메타버스 구현을 위해서는 실시간 3D 렌더링, 신체동작 인식 인터페이스, VR용 네트워크, 절차적 지형·건축물 생성, VR용 UI 미들웨어 등의 기술이 요구된다. 이 기술들은 다양한 분야에 적용되는데 게임 분야에서는 실시간 3D 렌더링을 사용하고 있으며, 자동차 분야에서는 자율주행 차량을 위한 시뮬레이션에서 인간-기계 인터페이스HMI를 연결시킨다. 디바이스 제조사에서는 가상현실 등

---

*　2021 중소기업기술로드맵, 중기부(http://smroadmap.smtech.go.kr/#none).

몰입형 기술의 활용이 가능하고, 건축 시에는 시공에 앞서 건축물의 내외부 체크가 가능하다. 더불어 실시간 3D 구현을 통해 수행되는 교육이나, 방송에서 시청자가 참여하여 줄거리를 변경하는 자체제작 콘텐츠 모두가 실감형 콘텐츠의 일종으로, 이미 우리가 상당수 사용하고 있는 것이기도 하다. 정부는 2023년까지 실감 콘텐츠 사업에서 연매출 50억 이상 전문 기업 100곳을 육성하겠다는 계획을 발표한 바 있다.

메타버스의 지능,
AI

AI는 2000년대에 새롭게 등장한 단어가 아니다. 인간과 유사한 지능을 가진 기계를 만들겠다는 상상은 로봇의 개념이 있기 전부터 시작되었다. 1930년대 이후 튜링테스트나, 수학논리학, 인공두뇌학 등의 학문이 등장하며 골자가 잡히기 시작했고 1956년에 처음으로 인공지능AI: Artificial intelligence이라는 개념이 등장했다. 하지만 당시 제반 기술이 없었기에 관련 연구는 모두 중단되었다.

이후 1980년대에 신경망 이론으로 인공지능이 재주목을 받기 시작했다. 인공지능은 사람과 비슷한 사고가 필요한데, 신경과 두뇌의 프로세스를 이해할 수 있는 기계를 만들고자 하였지만 마찬가지로 전산 프로세스를 모두 처리할 하드웨어가 없었기에 잠시 중단되었다.

그리고 1990년대, 인터넷의 전 세계적인 사용으로 1차적인 데이터 수집이 가능해지자 딥러닝Deep Learning이라는 분야가 발전하기 시작했다. 이후 체스경기를 기준으로 사람을 이기기 위한 딥러닝 기술 발전이 가속화되었다. 다음으로 대두된 것이 머신러닝Machine Learning이다. 머신러닝은 딥러닝에 수학적 최적화 및 통계 분석이 추가된 형태이다. 딥러닝은 사람이 작성한 기계언어를 바탕으로 최적의 판단을 내리는 방식이었지만, 머신러닝은 사람의 도움 없이 신호와 패턴을 배워서 최적의 의사결정을 내리는 방식이다. 이 의사결정에서 일어나는 일련의 과정을 알고리즘으로 만드는 것까지를 머신러닝이라 칭한다.

메타버스에서 우선적으로 사용될 AI는 영상데이터 기반 AI이다. 앞에서 설명한 가상현실, 증강현실, 확장현실을 구현하기 위한 영상데이터를 사람과 비슷한 지능으로 기계화시키는 것이다. "영상데이터 기반 AI 서비스는 영상과 이미지에 존재하는 객체의 종류와 특징들을 추출하고, 추출한 특징들로부터 유의미한 정보를 산출"[*]한다. 글자·숫자 인식, 얼굴인식, 모션인식, 사물인식, 상황인식, 동작인식, 행동인식을 통해 가상세계와 현실세계를 연결해 준다. AI 기술을 이용하여 영상을 처리하는 기술은 비약적인 발전을 이루었으며, 높은 기술력을 바탕으로 다양한 분야에 영상처리 기술을 적용하고 있다.

실례로 CT, MRI 등의 의료영상을 분석하여 의사의 보조 역할을

---

[*] 2021 중소기업기술로드맵, 중기부(http://smroadmap.smtech.go.kr/#none).

수행하고 질병의 유무나 병상의 척도를 파악하는 의료 서비스를 제공할 수 있다. 대기업이 관리하는 업장에서는 소비자의 행동패턴을 인식하여 구매율을 높일 수 있는 정보를 제공하는 서비스, 결제과정이 없는 노체크아웃 서비스 등이 사용되고 있다.

합성데이터Synthetic Data 또한 메타버스에서 사용될 주요 AI 기술이다. "합성데이터 기술은 현실제약 상황에서 데이터의 효과적 활용을 위한 기반 기술로서, 다양한 산업 분야에 광범위한 용도로 활용"[*]될 수 있다. 특히 개인정보보안 이슈가 자리 잡은 현 상황에서 AI가 자동적으로 관련 데이터를 합성해 준다면 불필요한 노동력의 제거도 가능하다. 고객 데이터의 외부 반출 및 활용 시, 개인 식별이 불가능하도록 민감한 개인정보를 비식별화한 합성데이터를 활용할 수 있으므로 금융, 보험 분야에 적용이 가능하다. 이미지 보정, 음성·영상 합성 등 사용자 맞춤형 서비스 개발도 가능하다.

합성데이터는 합성하는 기술과 합성한 것을 구분하는 기술이 함께 발전된다고 보는 것이 정확하다. 아마존의 경우 수많은 오디오 클립으로부터 낭독 기술을 학습하여 자체적으로 실제 뉴스 진행자처럼 텍스트를 읽어 주는 텍스트 투 스피치Text to Speech 프로그램을 개발했다. 반대로 페이스북은 인공지능 기술로 조작된 '딥페이크Deepfakes' 영상을 가려내기 위한 '딥페이크 탐지 챌린지' 프로젝트를 진행하고 있다. 어디까지 실제처럼 만들 수 있는지, 그리고 어디까지 그 가짜를

---

[*]   2021 중소기업기술로드맵, 중기부(http://smroadmap.smtech.go.kr/#none).

구분할 수 있는지의 두 영역이 계속해서 발전하고 있다.

빅데이터가 만드는 세상,
메타버스

지구에 공기가 떠다니듯 인터넷에는 데이터가 떠다닌다. 사람이 공기를 몸으로 받아들이고 살아가듯이, 인터넷상 데이터도 수집, 저장, 분석이 되어야 의미 있는 데이터로서의 활용이 가능하다. 빅데이터는 데이터 집합체를 의미한다. 현재 기술에서는 데이터 집합체를 정형, 비정형으로 나누고, 분석이 가능한 형태로 가공하기 위해 노력 중이다. 1분 동안 구글에서는 200만 건의 검색이 이루어지고, 유튜브에서는 72시간에 달하는 비디오 데이터가 업로드되며, 트위터에서는

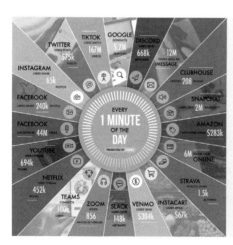

1분 동안 만들어지는 데이터 양
출처: https://www.domo.com/
learn/infographic/data-never-
sleeps-9

27만 건 정도의 트윗이 생성된다. 빅데이터는 점차 그 범위가 넓어지고 있다.

메타버스를 구성하기 위해 사용되는 분석 및 시각화 빅데이터는 1차적으로 빅데이터 수집 및 시스템 구축, 시계열 빅데이터 처리, 분석 시각화 플랫폼을 바탕으로 한다. 이를 통해 3D 변환 시각화 도구, 인공지능, AR · VR, 데이터 판매 및 중개가 가능하다.

라이프로깅과 연관된 빅데이터 기술로는 스마트헬스케어 관련 수집시스템이 있다. 의료와 기술이 융합된 형태로 설명할 수 있다. 사용자 개개인의 건강상태를 24시간, 장소에 관계없이 실시간 정보로 제공하는 것이다. 정보의 제공과 동시에 데이터는 모니터링 및 관리된다. 사용자의 건강정보에 맞춘 질병 분석을 통하여 1:1 진료 서비스가 가능해진다. 개인에 최적화된 맞춤형 진료가 스마트헬스케어의 지향점이라 할 수 있다. 전 세계적으로 고령화와 국가의 의료비 부담이 문제가 되는 상황에서, 이를 보완해 줄 시스템으로 각광받고 있기도 하다. 임상(의료) 문서, 임상 데이터, 전자 처방전, FHIR 등의 정보교환 기술뿐만 아니라 유전자 데이터의 전송, 공유 기술 등과 헬스케어 IoT 지원을 위한 통신 기술 중 보안, 개인정보관리 관련 기술을 모두 포함한다.

빅데이터 기반 마케팅 인텔리전스 플랫폼도 메타버스 안에서 활발히 사용될 것으로 예측된다. 마케팅 인텔리전스 플랫폼MIP: Marketing Intelligence Platform이란 "빅데이터와 정보 분석 도구, 방법론을 활용하여 마케팅의 의사결정을 지원하는 서비스로, 데이터 기반의 시장 및 정

빅데이터 기반의 마케팅 인텔리전스 플랫폼의 종류
출처: https://mekongbigdata.com/portfolio-post/marketing-intelligence-mi/

책정보를 모니터링하고 분석하여 다양한 통찰과 예측을 제공한다."＊
향후 메타버스 가상세계에서도 사용자의 잠재적 요구에 맞추어 마케
팅을 진행할 것이다. 현재도 다양한 SNS에서 개인의 특성에 맞는 광
고를 송출하고 있으며, 향후에는 감정이나 성향까지 빅데이터화될 것
으로 예상된다.

당신에게 좀 더 가까이,

5G

5G의 핵심 기술은 '네트워크 슬라이싱Network Slicing', 즉 네트워크
쪼개기이다. 하나의 네트워크를 다수의 네트워크로 분리하여 고객 맞

＊   2021 중소기업기술로드맵, 중기부(http://smroadmap.smtech.go.kr/#none).

춤형 서비스를 제공한다. 4G 기술까지는 하나의 네트워크 안에서 트래픽 용량을 최대화하는 것이 목표였지만, 5G에서는 관점을 고객 지향, 고객 맞춤으로 바꾸어 하나의 네트워크가 얼마나 많은 장치를 견딜 수 있느냐가 관건이 되었다. 네트워크 기술이 4G에서 초연결 5G로 바뀐 데는 사물인터넷이 큰 역할을 했다. 집 안에서 흐르는 네트워크가 다양한 사물로 연결되었을 때 충돌이 나지 않는다면 차세대 5G 네트워크의 실현이 가능하기 때문이다.

이쯤 되면 메타버스는 코로나바이러스에 감사해야 할 정도이다. 코로나로 인해 삶의 모든 영역에서 디지털 전환이 가속화되는 가운데, 이 서비스를 가능하게 하는 디딤돌인 5G 기반 통신시스템의 필요성이 증대되었다. 비대면 응용 서비스를 위한 5G 기반 통신시스템은 동영상 서비스, 온라인 교육·관람, 원격의료, 무인화·자동화 등 광범위한 서비스의 기반이 된다. 이 시스템은 초고속·대용량, 고신뢰·저지연의 특징을 가지며, 비대면 사용자 단말 무선접속 장치, 고화질(4K·8K) 콘텐츠의 효율적 전송을 위한 방송통신 융합 기술등을 포함한다. 고화질 대용량 동영상 서비스OTT 등 현재 여러 분야에서 5G가 쓰이지 않는 곳이 없다.

권리를 지켜 주는 기술,
블록체인

흔히 비트코인으로 알고 있는 블록체인은 '사토시 나카모토'가 고안한 기반 기술이다. 블록 형태에 데이터를 감아 체인 형태로 연결하여 수많은 컴퓨터에 동시에 저장하는 형태이다. 전통적 데이터 저장 방식인 중앙 집중형 서버가 아닌 분산형 서버이기 때문에 데이터 위조나 변조가 불가능하다. 2007년 리먼브라더스 사태 이후 금융위기의 위험성을 느끼고 이와 같은 형태를 고안했다고 알려져 있다. 2년 뒤인 2009년 블록체인 기술을 적용시킨 암호화폐인 '비트코인'을 개발하였다.

메타버스 안의 가상세계에서 누릴 수 있는 것은 익명성과 더불어 계급화되지 않은 창의성이다. 현실세계의 커리어와 관계없는 창작물이 빛을 볼 수 있다. 메타버스의 창작물을 보호하기 위해선 현실세계의 창작물 보호가 우선되어야 할 것이다. 다양한 재화와 마찬가지로 창작물 또한 복잡한 유통구조로 인하여 콘텐츠 저작물 보호가 어려우며, 전통적 유통구조를 가지고 있는 업계에서도 이를 보호해 줄 의지가 낮은 상황이다. 블록체인 기반 디지털 콘텐츠 관리 플랫폼을 이용하면 음원, 영상, 게임 등 디지털 콘텐츠를 블록체인 네트워크에 저장함으로써 디지털 콘텐츠 및 그에 관한 권리들의 발생 시점을 투명하고 명확하게 관리할 수 있다. 고수수료를 청구하는 별도의 중개기관 없이 디지털 콘텐츠에 대한 효율적인 관리를 달성할 수 있는 것이다.

복제를 일삼는 불법 다운로드 유저를 시장에서 쫓기 위해 디지털 콘텐츠 관리 플랫폼은 토큰시스템, 마이크로페이먼트 기술을 구현한다.

블록체인의 기술을 활용하지만 블록체인과는 다른 서비스인 NFT^{Non-Fungible Token}도 최근 각광받는 분야 중 하나이다. 직역하면 '대체가 불가능한 토큰'이라는 뜻의 NFT는 블록체인과 다르게 교환이 불가능한 화폐이다. 블록체인과 원리는 같지만 가상화폐에 일련번호 값이 추가된 형태이다. 일련번호가 있기 때문에 쪼개진 화폐단위 자체로 원본 확인이 가능하다. 진품 보증도 가능한 화폐의 개념이다. 예를 들어, 피카소의 그림이 NFT 형태로 분할 판매되었다고 생각해 보자. 해당 그림의 가치가 높아질수록 분할된 NFT 가치도 높아질 것이다. NFT를 통해 그림이 시장에 나올 경우, 판매자와 소유자는 별도의 진품 보증서가 필요 없는 장점이 있다. 해당 NFT는 소유주 이력, 판매 시점 등 관련 이력도 포함되어 있기 때문에 기존의 진품 보증서보다 가치가 높다고 판단된다. 그림 등의 예술품처럼 '진품'의 가치가 높은 상품이 NFT 시장을 선점하고 있다. 포토샵을 만든 기업인 어도비에서도 최근 결과물을 NFT로 발행하는 방안을 모색하고 있다고 한다. 최근에는 BTS의 회사가 굿즈(연예인과 관련된 상품)에 NFT를 사용할 것이라 밝힌 바 있다.

메타버스도 플랫폼의 일종이기 때문에 가상세계 플랫폼의 소유주가 플랫폼 안에서 일어나는 거래의 수수료를 책정하더라도 시장경제에서 거부할 수는 없을 것이다. 하지만 가상세계 사용자끼리의 진정한 공유경제를 원한다면 다른 방법도 있다. 블록체인 기반 공유경제 서비스는 "수익형 공유기업의 플랫폼을 거치지 않고 블록체인 기술을 공유경제 메커니즘에 적용함으로써 '온라인 네트워크상 분산화된 공개 장부'만으로도 거래 참여자 간에 높은 신뢰trust를 제공하고, 공유경제가 궁극적으로 추구하는 개인과 개인 간의 거래 활성화를 제공하는 서비스"*이다. 이미 우리나라는 ICT 규제 샌드박스를 활용하여 블록체인 공유경제 기업을 허가한 바 있다.

---

* 　2021 중소기업기술로드맵, 중기부(http://smroadmap.smtech.go.kr/#none).

3.
메타버스 구성기술의 발전

메타버스에 통하는
법칙들

메타버스는 기하급수적으로 늘어나는 기술의 수와 그 성장의 가속 추세에 따라 크게 발전할 것이라 예견된다. 메타버스 로드맵에서는 헨더슨의 법칙, 크라이더의 법칙, 닐슨의 법칙, 쿠퍼의 법칙, 푸어의 법칙 등을 바탕으로 새로운 사회적 공간인 '세컨드라이프'가 시작된다고 설명한다.

① 헨더슨의 법칙Henderson's Law : 경험(학습)곡선

헨더슨의 법칙은 경험(학습)곡선으로도 잘 알려져 있다. 경험곡선은 기업이 특정 재화나 서비스를 계속 생산하게 되면 효율이 올라감을 의미하는 곡선이다. 즉 생산원가는 생산물량에 비례하여 감소하는 것이다. 마찬가지로 메타버스의 영상처리 기술, 서비스 연동 기술, 센서 기술, 네트워크 기술 등이 사용될수록 각 기술에 대한 원가는 낮아진다.

메타버스 관련 회사를 살펴보자. 국내로 보면 싸이월드, 네이버, 펄어비스 등이 있다. 싸이월드의 경우, 지난날 생산물량의 증가로 이미 생산원가가 낮아진 사례이다. 싸이월드는 사용자 모집을 위한 홍보활동 비용이 들지 않는다. 싸이월드가 가지고 있는 고객정보가 메타버스로 진입하는 사용자 정보와 동일하기 때문이다. 싸이월드는 메타버스 모델 구현을 위한 사업 아이디어 빌딩 단계도 필요 없다. 싸이월드의 초창기 서비스 모델이 메타버스와 관련된 '아바타'였다. 헨더슨 곡선에 따라 싸이월드는 메타버스가 각광받고 있는 현재 다시 한번 시장에 고개를 내밀고 있다.

네이버의 경우도 살펴보자. 네이버는 국내 최대의 IT 기업으로 서비스 연동 기술이나 네트워크 기술이 마련되어 있다. 메타버스로 진입하기 위해서는 영상처리 기술이나 센서 기술이 추가로 필요한 상황이다. 네이버의 제페토를 살펴보면 우선 영상처리 기술과 관련하여 제페토의 아바타를 활성화시켜 놓았다. 메타버스의 사용자를 늘리며, 함께 아바타의 영상처리 기술을 생산하여 원가를 낮추려는 시도로 보인다. 기업 내에서 영상처리 단가가 목표치까지 낮아지면 센서 기술을 도입하게 될 것이다. 단계적으로 기술을 선택하여 원가를 낮추는 것도 헨더슨 곡선의 실제 사례로 볼 수 있다.

다음으로, 국내 게임 회사 펄어비스가 출시한 메타버스 '도깨비'를 예로 들어 보자. 펄어비스는 2010년 설립 이후 '검은사막'이라는 게임의 성공을 통해 2017년 코스닥에 상장한 글로벌 게임 회사이다. 처음 검은사막이 서비스되고 코스닥에 상장하기까지 7년의 시간이 걸렸지만, 글로벌 서비스로 생산물량은 계속 늘고 생산원가는 감소하여 기업에 수익을 가져다주었다. 검은사막의 영상처리 기술, 글로벌 서비스 연동 기술을 바탕으로 새로운 메타버스 게임인 '도깨비'를 출시할 동력을 길렀다고 봐도 무방하다.

삼성이나 LG와 같은 기술 기반 대기업은 단기, 중장기 계획을 통해 미래의 목표 기술을 설정한다. 기술 로드맵 수립을 통해 각각의 기술을 상용화시키는 단계를 거쳐야 하기 때문이다. 목표를 위해 요소 기술들을 발명하고, 시제품을 완성하고, 실제 출시하여 판매를 하는 과정을 하나의 기업이 도맡아 하는 것은 아니다. 기업은 요소 기술을 발굴하고, 실제 제품이 상용화되기까지 일부 기술만 채택하여 기업자원으로 만든다. 이 외의 기술들은 자회사나 벤더기업들에 떠맡긴다. 원가에 핵심적으로 작용하는 기술만을 취하는 것이다. 즉 메타버스의 핵심 기술만을 취하는 경제적인 방식으로, 최적의 헨더슨 법칙을 따르고 있다.

한편, 게임 산업에서 경험곡선을 채택하기도 한다. 새로운 플레이어에게 게임에서 필요한 기술이나 전술을 얼마나 빨리 제공할지 결정하는 데 사용된다. 월드 오브 워크래프트도 게임 제작과정에서 플레이어에게 새로운 기술을 선보이는 단계를 구성했다. 초반에는 많은

펄어비스의 새로운 게임, 도깨비(© Pearl Abyss)
출처: PEARL ABYSS(https://www.pearlabyss.com/ko-KR/Company/About/Games#Dokev)

기술이 제공되어 쉽게 게임을 진행할 수 있으나 뒤로 갈수록 기술 습득을 위해 더 많은 집중력이 필요하다. 플레이어는 점차적으로 게임에 집중하게 되므로 이탈율이 낮아진다.

메타버스 이용자에게도 어느 정도의 학습 단계가 필요하다고 볼 수 있다. 막 진입한 사용자를 위해 간단한 학습을 배치하는 것이다. 실제 세컨드라이프에서는 아이디 생성 뒤 웰컴 아일랜드에서 아바타 조종법, 채팅법, 사물 이동법 등에 대한 다양한 가이드북을 제공한다. 사용자는 가이드북을 통해 게임에 집중하게 되고, 사용한 시간을 보상받기 위해 게임 내 캐릭터에 더 몰두하게 된다.

② 크라이더의 법칙Kryder's Law : 저장용량의 증가

디지털 시대는 세 가지 법칙을 기반으로 흘러간다. CPU의 속도
가 2년에 2배씩 빨라진다는 무어의 법칙Moore's Law, 네크워크의 가치
는 연결된 사용자 수의 제곱에 비례한다는 멧커프의 법칙Metcalfe's Law,
그리고 저장용량은 2년마다 2배씩 증가한다는 크라이더의 법칙이다.
데이터를 네크워크를 통해 빠르게 처리하고 학습하기 위한 전제조건
인 셈이다.

스마트폰의 하드웨어 성능과 데이터를 분산 저장하는 클라우드
기술은 근래 비약적인 발전을 통해 사용자를 소셜 네트워크 세상으로
초대한 바 있다. 빅데이터를 통해 기존의 데이터를 수집, 정리하고 클
라우드 컴퓨팅을 통해 누구나 데이터에 접속한다. 그리고 블록체인을
활용, 모든 데이터를 암호화하여 처리한다. 크라이더의 법칙은 이와
같은 데이터의 처리를 위해 가장 기본적인 데이터 주머니(저장용량)가
증가해야 한다는 법칙이다. 새로운 세계인 메타버스의 빅뱅, 즉 메타
버스의 팽창을 위한 법칙이다.

③ 닐슨의 법칙Nielsen's Law : 유선 대역폭의 증가

대역폭Bandwidth은 통상 1초 동안 유선(컴퓨터 네트워크 혹은 인터넷 연
결)을 통해 한 지점에서 다른 지점으로 전송하는 데이터 용량의 최댓값
과 최솟값의 폭을 의미한다. 수십 년간 축적된 데이터에 따르면 대역
폭은 매년 50%씩 증가할 것으로 예측된다. 무어의 법칙에서 CPU의 속
도는 2년에 2배, 매년으로 치환하면 60%씩 증가한다. 이에 비해 데이

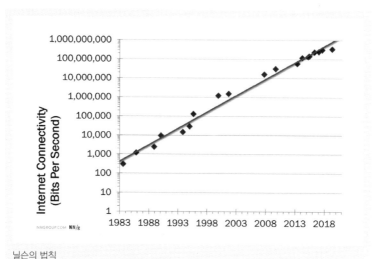

닐슨의 법칙
출처: Nielsen Norman Group(https://media.nngroup.com/media/editor/2019/09/27/
nielsen–law–bandwidth–growth–1983–2019.png)

터의 대역폭은 매년 50%씩 증가하므로 컴퓨터 기술 발전의 속도를 어
느 정도 저해한다고 해석할 수 있다. 닐슨의 법칙을 통해 대역폭은 향
후 10년 동안 57배 정도 증가할 것으로 예측되며, 이는 무어의 법칙에
따르면 100배가 증가될 CPU 속도에 비해 절반 정도밖에 되지 않는다.

이에 대한 기술적 대응으로는 5G 네트워크가 있다. 기존 4G 네트
워크까지는 단순 트래픽 용량을 늘리는 작업, 즉 대역폭을 넓히고 속
도를 올리는 방법을 썼다면, 5G에서는 네트워크를 잘게 쪼개 사용자
에 맞게 서비스를 제공한다. CPU의 성장 속도에 맞게 네트워크 속도
가 발전하지 않으니, 네트워크를 잘라서 제공하겠다는 발상의 전환
이다.

메타버스에서 닐슨의 법칙을 기본법칙 중 하나로 제시한 까닭은 2가지로 해석할 수 있다. 우선 기존의 법칙인 무어의 법칙을 제한하는 법칙이기 때문이다. 디지털 시대를 구현하는 3대 법칙 중 하나인 무어의 법칙을 방해하는 요인을 제거해야 메타버스의 발전이 가능하다. 두 번째로 메타버스란 단순히 발전된 기술이라기보다는 사용자 맞춤 서비스라는 차세대 기술이기 때문이다. 메타버스를 구성하는 각각의 기술은 물리적, 화학적 발전의 속도를 넘어설 수 없으니 다른 방법을 통해 속도를 맞추자는 것이다. 즉 닐슨의 법칙에 따르면 어려울 수 있었던 메타버스의 빠른 구현이 새로운 네트워크 기술의 도입으로 그 속도를 올리고 있다.

④ 쿠퍼의 법칙Cooper's Law : 무선 대역폭의 증가

핸드폰의 발명가라고 알려져 있는 마틴 쿠퍼Martin Cooper는 무선 통신 과학자답게 본인의 이름을 딴 무선 통신 법칙을 남겼다. 무선 통신량이 30개월마다 2배씩 증가한다는 법칙이다. 무선 통신량은 음성 통화량 혹은 그와 동등한 데이터 거래량을 의미한다. 동일한 무선 통신에서 거래량이 늘어난다는 것은 해당 주파수의 효율이 높아짐을 의미한다. 주파수의 시간적, 공간적 재사용을 통해 물리적인 한계를 돌파한 것이다.

공간에 시간을 접목한 4차원4D은 사람이 인지할 수 있는 최대 차원으로 알려져 있다. 시간적, 공간적 재사용은 우리가 알고 있는 4D를 활용하여 주파수를 채우는 기술이다. 120년 전인 1901년, 대서양

최초로 핸드폰을 선보인 마틴 쿠퍼
출처: https://commons.wikimedia.org/
wiki/File:2007Computex_e21Forum-
MartinCooper.jpg

을 가로지르는 모스부호가 무선으로 전송되기 시작했을 때 당시의 무선 기술은 너무 원시적이어서 전 세계의 무선 스펙트럼 모두를 사용했다. 쿠퍼가 발견한 법칙에 따르면 2070년 이후 지구상의 모든 사람은 이론적으로는 다른 사람의 신호에 방해받지 않으면서 모든 무선 스펙트럼을 사용할 수 있다고 한다. 일례로 테헤란로의 출근 시간, 수많은 대중교통 이용자의 블루투스 이어폰, 핸드폰 Wi-Fi가 중첩 없이 사용되는 것과 같다.

메타버스 환경에서는 현재의 무선 통신이 쉼 없이 적용되어야 하기 때문에 쿠퍼의 법칙과 같이 무선 기술에 대한 안정성과 확장성이 기반되어야 한다. 마틴 쿠퍼는 핸드폰의 발명자인 동시에 메타버스의 공간 설계자가 된 것이다.

⑤ 정리

　사용자들이 메타버스에 흥미를 느끼면 현실세계보다 가상세계에 집중할 수도 있다. 현실세계의 괴로움은 가상세계에서 지워 버리고 가상의 꿈을 향해 가는 것이다. 가상세계 사용자들은 각자의 행동패턴, 이상향들을 가상세계에 입력하고 선보이며 뉴 노멀을 만들어 간다. 유선 대역폭의 증가 덕분에 화면 품질은 점점 좋아져서 현실 배경과 가상 배경이 실시간으로 혼합되며, 가상공간으로 순식간에 이동이 가능하다. 어떤 공간으로 이동을 해도 나의 디바이스와 주변의 디바이스가 섞이지 않기 때문에 모든 공간이 나의 공간이 된다. 사용자들은 이제 가상세계에 만족하고, 시간을 할애하며, 인간관계를 맺게 되고, 현실세계를 가상세계로 대체한다.

메타버스를 통해 바라본
인류의 미래

인간의 욕구는 새로운 것들을 만들게 한다. 메타버스가 우리 삶의 전반적인 영역에 들어오게 된 것도 사람들의 필요에 의해서이다. 전 분야로 확대되어 가고 있는 메타버스로 인해 우리의 생활은 사회, 경제, 일상 등에서 지금과는 달라질 것이다.

미래의 인간은 디지털 휴먼에게 고민 상담을 하게 될 것이다. 고민 내용은 메타버스 플랫폼 내에서 창업을 할지, 취업을 할지이다. 세계 경제잡지인 『포브스』는 익명의 아바타를 세계 자산 순위 1위로 선정할지도 모른다. 기업을 운영하는 방식이 변화됨에 따라 CEO가 사람이 아닌 가상인물로 대체되는 상황도 생길 수 있기 때문이다. 이 외에도 미래에는 많은 변화가 일어날 것이다. 기술의 변화로 달라질, 우리가 살아갈 세상을 상상해 보자.

1.
인간의 욕구: 인간은 어떤 존재인가?

우리 모두는 나를 중심으로
세상을 이해한다

"저는 혼자 노는 걸 좋아해요.

다만 전제가 있어요.

저를 사랑하는 사람이 있어야 해요.

제 안부를 묻는 사람이 있어야만 혼자 놀 수 있는 거죠."

이 글은 백세희 저, 『죽고 싶지만 떡볶이는 먹고 싶어』의 한 구절
이다. 이 책은 2018년에 출판된 후 교보문고 베스트셀러 1위를 차지
하였고 그 이후로도 많은 호응을 얻으며 스테디셀러로 자리 잡았다.
위의 글을 살펴보면 저자는 혼자이고 싶지만 혼자 있고 싶지 않은, 양

가적인 입장을 취하고 있다. 이 책이 베스트셀러이자 스테디셀러가 된 이유는 바로 이런 상반되는 두 감정이 우리 모두의 마음속에 내재하기 때문이다.

사회가 빠르게 변화하고 새로운 정보가 끊임없이 생성되면서 사람들은 복잡한 현실에서 벗어나 사회로부터 떨어진 곳에서 온전한 나를 느끼고 싶어 한다. 그렇지만 한편으로는 사회로부터 그리고 집단으로부터 고립되고 싶지 않은 심리가 공존함으로써 '독립'과 '연결'의 마음이 동시에 나타난다.

인터넷이 처음으로 개발되었던 90년대 초에는 전화망을 이용하여 채팅을 하였다. 이 시기에는 자신이 누구인지 서로 공개하지 않은 상태에서 새로운 사람을 만나, 상대를 서서히 알아 가는 것에서 즐거움을 발견했다. PC 통신에서 만난 사람은 직접 만남을 갖지 않는 한 상대방이 누구인지 알 수가 없다. 자신의 정체성이 완전히 가려진 채로 타인과 접속하는 것 또한 현실과는 분리되고 싶지만 관계 속에는 들어가고 싶은 마음이다. 현실과 다른 세상은, 역할이 정해진 일상에서의 탈출구이자 또 하나의 나를 발견할 수 있는 신세계이다.

나를 중심으로 살아가는 것은 자기 분석을 통해 세상을 발견하고 그 안에서 나의 존재를 찾고자 하는 것이다. 나의 존재감을 확인하고 싶어 하는 인간의 원초적인 본능이 디지털 시대에서 아바타로 표현되고 있다.

본캐와 부캐

새로운 경제성장의 주역으로 떠오르고 있는 MZ세대 사이에서는 '부캐'라는 단어가 유행어처럼 사용되고 있다. 이 단어는 본래 게임에서 쓰이던 용어로, 사용하던 캐릭터 외에 새롭게 만든 '서브 캐릭터'를 의미하는 '부캐릭터'의 줄임말이다. 최근에는 이 단어가 일상생활에 사용되면서 평소 본모습의 '주된 나'와는 다른 새로운 모습의 '부가적인 정체성'으로 확장되어 사용되고 있다. 방송에서 연예인들이 본래 가지고 있던 고유의 이미지에서 탈피하여 기존과는 반대되거나 또는 완전히 다른 새로운 캐릭터를 만들어 파격적인 인상을 남기는 모습을 하나의 사례로 들 수 있다.

이미지가 곧 생명인 연예인들의 특수한 현상이 이제는 일반인에게까지 확장되고 있다. 게임뿐만 아니라 발달된 다양한 온라인 커뮤니케이션 시스템을 통해 현실과는 또 다른 새로운 일상을 갖게 되면서 일반인들도 다양한 캐릭터를 적극적으로 표출할 수 있는, 즉 부캐를 나타낼 수 있는 기회가 생기게 되었다. 본래의 캐릭터는 학생 또는 직장인의 모습이지만 온라인 커뮤니티에서는 음악을 하는 자유로운 예술가, 열정적으로 사람들을 이끄는 활동가 등의 부캐릭터로 변모할 수 있는 것이다. 사람들은 '또 하나의 나'를 다른 사람들에게 보여 주며 억눌렀던 잠재력을 표출하고 자신의 또 다른 가능성과 재능을 마음껏 발휘하면서 인생을 좀 더 다채롭게 만들 수 있다.

과거 우리 사회는 '사람은 한결같아야 한다'를 하나의 진리로 강조하였다. 물론 이 말이 타인을 대할 때 상황에 따라 다르게 행동하지 말아야 한다는 교훈을 담고 있기는 하다. 하지만 우리는 한편으로 자신의 다양한 개성을 표출하며 다른 인생을 살아 보고 싶은 욕망이 있다. 협력과 단합이 중시되던 사회에서 창의력과 독창성이 중시되는 시대로 바뀌면서 현재는 한 사람이 가진 역량과 새로운 아이디어를 중요하게 여긴다. 따라서 한 사람이 여러 개의 정체성을 가질 수 있고 다양한 성격과 취향이 존재할 수 있다. 이에 개인은 좀 더 자신에 집중하여 자기를 탐구하고 이해하기 위해 노력함으로써 자신 안에 내재된 다양한 모습의 나를 발견해야 한다.

사람들이 점점 메타버스에 몰리는 현상도 바로 이러한 사람들의 욕구에서 비롯되었다고 할 수 있다. 정해진 틀에서 벗어나 다른 사람이 될 수도 있는 공간을 필요로 하는 것이다.

MZ세대가
메타버스에 집중하는 이유

흔히들 메타버스는 MZ세대가 주도한다고 한다. 기존에 베이비붐 세대, X세대 등이 대한민국 경제를 주도했다면 이제는 2, 30대를 대표하는 MZ세대가 새로운 경제주역으로 부상하고 있다. 기업들이 점차적으로 메타버스에 기업공간을 마련하는 이유도 새로운 경제주체로 떠오르고 있는 MZ세대와 적극적으로 소통하고 접촉하기 위해서이다. 그렇다면 MZ세대는 누구일까?

MZ세대란 1980년대 초반에서 2000년대 초반에 태어난 세대를 의미하는 말로, M은 1980년대 초반에서 2000년대 초반에 출생한 밀레니얼 세대를 의미하며, Z는 1990년대 중반에서 2000년대 초반에 출생한 Z세대를 의미한다. 이들은 태어나면서부터 전자기기를 하나의 게임도구로 사용하여 여가시간을 즐겼으며, 하나의 교과목으로 컴퓨터 수업을 듣기 시작하였다. 이들은 빠르게 변화하는 사회환경 속에서 자신의 적성과 흥미를 적극적으로 발굴하여 직업과 매치되는 원하는 일을 찾기 위해 노력하는 세대이다. 이는 기성세대가 사람들이 선망하는 회사나 연봉을 기준으로 직업을 선택하는 것과는 매우 대조적이다.

MZ세대는 다수의 의견을 고려하되 개인의 경험과 판단을 기반으로 스스로에게 적합한 방향으로 의사결정을 하며 다양성을 추구한다. 따라서 추구하는 가치관 역시 매우 다양하며, 절대적인 기준이나 잣대를 스스로에게 적용하지 않는다. 곧 이들은 다양한 자기의 모습을 표출하고 싶은 욕구를 가지게 된다. 이것이 메타버스 안에 아바타를 꾸미며 참여하는 이유 중의 하나이다.

이들은 정보통신 기기를 사용하여 문자로 연락하는 것이 익숙한 세대로, 단어를 효율적으로 사용하기 위해 신조어를 만들어 활성화하고 이모티콘을 적극적으로 활용하여 개인의 미세한 감정과 상황을 묘사하기도 한다. 따라서 SNS로 소통하는 것을 직접 만나서 대화하는 것보다 편하게 느끼며, 정치참여나 사회비판도 온라인 댓글이나 국민

1. 인간의 욕구: 인간은 어떤 존재인가?

청원과 같은 인터넷 게시판을 활용한다. 온라인 공간에서 그들은 자신의 의견과 소신을 적극적으로 표명한다. 따라서 메타버스는 키보드 타이핑이 익숙하고 편한 이들에게 언제 어디서나 참여할 수 있는 현실이자 또 하나의 세상이다.

이들이 사회진출을 할 시기에는 대한민국을 비롯한 선진국이 고도로 성장하여 성장이 둔화되는 반면, 글로벌 인재 유입과 여성의 사회진출이 가속화되어 여전히 개인은 경쟁이 치열하고 삶은 분주할 것으로 예상된다. 그러나 금리가 낮아지고 부동산 가격은 매우 올라 저축을 통해 자산을 축적하기가 어려울 것이다. 따라서 이들은 새로운 자산 축적의 방안인 주식이나 가상화폐 투자에 적극적으로 참여하며, 블록체인과 같은 새로운 기술의 적용에 관심을 가지고 변화하는 시대를 주도하게 될 것이다. 메타버스가 새로운 경제활동의 무대가 될 수 있다는 가능성은 바로 이러한 변화를 MZ세대가 주도하고 있기 때문이다.

또한 메타버스가 새로운 업무공간으로 떠오르고 있는 이유 역시 MZ세대가 일과 삶의 균형을 중시하기 때문이다. MZ세대는 휴식이나 여가시간이 보장되는 직장을 선호한다. 출퇴근 시간이나 불필요한 보고를 하는 시간, 회의에 참여하는 시간은 이들에게 매우 비효율적으로 느껴지기 때문이다.

젊은 세대는 태어나면서부터 디지털 기기와 함께 생활하고 있다. 초등학교에서는 숙제를 카카오톡으로 제출하게 하고 유튜브로 강의를 올리기도 한다. 요즘 영유아들은 유튜브를 보며 새로운 지식을 학습한다. 모방심리가 강한 아이들은 휴대폰 화면에서 알려 주는 정보들을 쉽게 따라하고 습득한다.

세대를 거듭할수록 디지털 기기는 사람들에게서 뗄 수 없는 중요한 도구가 될 것이며 디지털 공간은 또 하나의 현실로 존재하게 될 것이다. 인간을 둘러싼 환경의 변화는 결국 새로운 세상을 구축하게 할 것이다.

2.
앞으로 다가올 미래

메타버스 플랫폼이 성장하면서 게임뿐만 아니라 업무, 교육 등 일상의 전반적인 영역으로 확대되고 있다. 메타버스에 참여하고 머무르는 시간이 늘어나면서 현실의 더 많은 요소들이 가상현실과 연결되어 진행될 것이다. 따라서 메타버스로 인해 변화되는 분야는 매우 광범위하며 인간에게는 새로운 생활양식이 형성될 것이다. 메타버스가 앞으로 가져올 미래는 매우 다채롭다.

디지털 테라포밍이
진행되고 있다

테라포밍Terraforming이란 지구 외의 다른 위성 또는 행성에 지구와 비슷한 환경을 조성하여 인간이 살 수 있도록 만드는 과정을 의미한다. 디지털 테라포밍이란 디지털 환경 안에 지구와 비슷한 환경을 조성하는 것을 말한다. 지구가 오염되고 질병으로 인해 인간이 살 수 있는 새로운 공간이 필요하다는 인식이 생기면서 신개척을 주도하는 사람들은 지구를 대체할 수 있는 새로운 공간을 모색 중이다. 1492년 콜럼버스가 신대륙을 발견한 것처럼 현재 주요 국가들은 인간이 살 수 있는 새로운 대륙을 찾고 있다. 일론 머스크가 우주로 여행할 수 있는 우주 탐사선을 만들어 상용화를 위해 수차례 실험을 하는 것은 인간을 다행성multiplanetary에 거주시키려는 최종목표를 실현하기 위해서이다. 우주 탐사와 우주에서 살기 위한 건축 기술 개발은 소수의 선진국가만의 일이 아니다. 우리나라도 다른 행성에서의 거주 가능성에 대한 다양한 연구를 진행하고 있다. 대표적으로 정부 출연 연구기관인 과학기술정책연구원STEPI은 국가우주정책연구센터SPREC를 설립하여 국가우주개발과 우주정책을 추진함으로써 미래의 우주 도시에 관한 청사진을 그리고 있다.

우주사회가 현실이 되는 시대가 언제 올지에 대해서는 누구도 정확한 예측을 하기 어렵다. 그러나 분명한 것은 초등학교 때부터 코딩을 배우고 수업을 온라인으로 진행하며 SNS 메신저로 학교의 주요 알림을 받는 10대들의 생애에 우주사회가 실현될 가능성이 훨씬 높다는 점이다. 알파세대로 불리는 10대는 코로나로 인해 많은 시간을 온라인에 접속하여 보낸다. 여가시간도 온라인 게임을 하며 보내며, 게임 공간에서 새로운 인간관계도 형성한다. 새로운 지식은 유튜브 검색과

포털 사이트 검색을 통해 얻는다. 이들에게 온라인 공간은 교육의 장이자 놀이터와 다를 바가 없다. 이에 새로운 소비자를 만들기 위한 기업들의 발걸음 역시도 이들이 머무는 곳으로 향한다.

최근 정부의 규제 완화로 원격진료도 가능해졌다. 기존에 진료를 받던 환자가 개인 사정으로 해외에 가더라도 온라인 플랫폼을 통해 원격으로 진료를 받고 처방도 가능하다. 또 최근 변이 바이러스로 인한 코로나바이러스 확산세가 지속되면서 대부분의 조직에서는 화상회의 시스템을 이용하여 원격수업과 업무회의를 익숙하게 진행하고 있다. 재택근무가 길어지면서 정보통신 업계에서는 원격근무에 필요한 협업 툴을 개발하고 있다. 온라인으로 회의 참석자의 개인 일정과 회의실 예약상황을 파악하고 다음 회의 날짜와 장소를 추천해 주는 서비스도 개발되어 사용 중이다.

메타버스가 등장하면 최고경영자는 한 번의 로그인으로 가상세계 사무실에 접속하여 직원들의 출근 현황을 직접 확인해 볼 수 있을 것이다. 또한 필요하면 실무자와 직접 소통하며 중간관리자를 거치지 않고 보고를 받을 수도 있고 실무자가 작성한 보고서도 실시간으로 받아 볼 수 있게 된다. 따라서 직원을 관리하고 조직에서 계획한 업무 방향을 전달하는 중간관리자의 역할이 더 이상은 필요하지 않게 될 것이다.

실무자 입장에서도 불필요한 회의 참석이나 회의와 상관없는 이야기로 시간이 지체되는 일이 발생하지 않을 것이다. 회의는 목적 중심으로 간단하고 신속하게 진행되므로 업무시간을 좀 더 효율적으로 사용할 수 있게 된다. 따라서 과거와 달리 기업에서는 협업 능력보다 개인의 능력과 신속함 등을 높이 평가할 것이다.

이제 모든 것이 온라인 공간에서 가능하다. 미래의 사회는 디지털 공간에서 시작될 것이다.

디지털 휴먼, 사람을 돕는 새로운 존재의 등장

'요즘 광고에 나오는 그 여자는 신인 배우일까?' 최근 한 전자 업계 광고에는 23세 '김래아'라는 신인이 처음 등장하여 광고를 촬영하였다. 처음 보이는 신선한 이미지에 사람들은 많은 관심을 가지며 그녀의 정보를 알고 싶어 했다. 이후에도 그녀는 인스타그램과 트위터에 자신을 싱어송라이터 겸 DJ라고 소개하며, 자신의 일상을 공유하였다. 그런데 알고 보니 광고 속의 그녀는 실제 사람이 아닌 가상세계에만 존재하는 디지털 휴먼이었다. 사람의 피부와 표정, 몸동작을 완벽히 구현한 디지털 휴먼은 사람보다 더 사람 같아 보인다.

디지털 휴먼은 인공지능 챗봇과 컴퓨터 그래픽 디자인 기술을 활용하여 실제 인간의 형상을 갖추고 말을 하도록 만든 온라인 가상인물이다. 1998년에 사이버 가수 '아담'이 미디어에 등장한 이후로 디지털 휴먼은 더욱 섬세하게 발전하여 사람의 모습과 행동 그대로를 학습하였다.

엔터테인먼트 분야 외에도 다양한 분야에서 디지털 휴먼을 적극적으로 활용하고 있다. 세계보건기구WHO도 보건 분야 상담사로 디지털 휴먼 직원 '플로렌스Florence'를 투입하여 사람들을 대상으로 직접 문의사항에 답변하고 안내도 하게 하였다.

메타버스에는 '나를 대신하는 아바타'와 '현실에는 존재하지 않지만 사람과 같은 가상인물, 즉 디지털 휴먼'이 존재한다. 메타버스를 이용하는 진짜 사람은 이러한 디지털 휴먼과 대화하고 소통하며 정서적 교감을 나누게 될 것이다. 현실에서는 드러내기 비밀스러운 이야기를 가상공간의 디지털 휴먼에게는 부담 없이 이야기할 수 있다. 따라서 미래에는 인간관계의 대상이 생물학적인 인간뿐만 아니라 디지털 휴먼과 로봇까지로도 확대될 수 있다.

분산되는 인구

메타버스의 장점은 어떠한 상황에서도 참여할 수 있다는 점이다. 이용자가 온라인에 접속하기만 한다면 접속한 그 자리에서 오락을 위한 문화생활뿐만 아니라 사회, 경제활동까지도 이동 없이 즐길 수 있다. 전문가들은 향후 교육기관에서 이루어지는 수업뿐만 아니라 쇼핑, 업무 등 일상에서 일어나는 일들이 메타버스 안에서도 이루어질 것이라고 예측한다. 현재 대학에서 다양한 화상회의 시스템을 활용하여 비대면 수업이나 회의를 진행하는 것처럼 온라인상으로 사회에서 일어나는 일들을 진행할 수 있다는 것이다. 간접적이기는 하나 핵심적인 내용 전달이나 의견 공유는 가능하므로, 사무공간에서 이루어졌던 활동들을 디지털 공간으로 가져오는 것은 충분히 실현 가능하다.

물론 현실에서처럼 사람들이 공간감이나 실재감을 가지고 타인과 상호 교류하는 것은 현재의 기술로써는 부족하기에 가상공간 안에서도 미세한 교감 영역까지 개발되기 위해서는 더욱 진보된 기술들이 메타버스와 결합되어야 한다. 이에 새로운 장비 업체들이 등장하여 메타버스 시장을 목표로 연구개발을 진행 중이다. 현재 개발되고 있는 다양한 기술들이 완성되어 적용된다면 더욱 많은 조직들이 사회에서 이루어지던 다양한 활동들을 가상공간 안에서 진행할 것이다. 따라서 메타버스 내에서 대부분의 업무와 교육이 가능해진다면 서울 및 수도권 중심으로 주거지를 선택하고자 하는 사람들의 심리는 변화할 것이다.

실제로 한 부동산 정보 서비스 기업은 메타버스 플랫폼의 일종인 '게더타운'에 가상 사무실을 구축하여 직원들을 강남이 아닌 가상 사무실로 출근시키고 있다. 이 회사에 근무 중인 매니저는 노트북을 들고 제주도로 내려가 바닷가가 잘 보이는 숙소에서 출근하고 퇴근 후엔 제주도의 시원한 자연 풍경을 바라보며 업무와 휴식을 동시에 취하고 있다.

어느 지역에 살더라도 출퇴근이 가능하며 평등하게 교육을 받고 문화적 혜택을 누릴 수 있다면 사람들은 도시 이외의 삶을 고려할 것이다. 물론 교외 지역에서의 생활에 완전히 정착하기 위해서는 직접적인 대면이 반드시 필요한 행정·보안 및 의료 서비스 등이 뒷받침되어야 한다. 이러한 부분이 해결된다면 유독 도시에만 몰려 있는 인구가 점차적으로 분산되어, 사람이 휴식을 취하기 좋은 지역이나 공기가 좋은 지역 등으로 옮겨 갈 수 있다. 그렇게 된다면 인구 유입으로 인한 지역 균형 발전이 가능해지면서 지역을 중심으로 한 새로운 경제성장이 이루어질 것이다.

스타트업들의 기회, 창업에 대한 낮은 진입장벽

코로나로 인해 전 세계가 원격근무를 진행하는 디지털 오피스 체제로 변하면서 사람들은 사무실 밖에서도 충분히 업무 진행이 가능하다는 것을 알게 되었다. 원격근무가 일상 출근과 다를 바 없이 충분한 성과를 거두면서 경영자도 임대료가 비싼 서울 중심권의 넓은 공간을 임대하지 않아도 되는 디지털 오피스를 선호하는 상황이다.

이렇듯 업무환경이 공간 중심에서 네트워크 중심으로 변화하면서 아이디어 중심의 신규 창업자들은 과거 고정적으로 지출되었던 사무실 임대비용 부담을 덜게 되었다. 고용 부분에 있어서도 회사의 소재지와 상관없이 유능한 인재를 선발할 수 있다. 해외에 있든 국내에 있든 온라인을 기반으로 업무가 진행되기 때문이다. 그동안의 산업환경은 3차 산업을 중심으로 시장이 형성되었기 때문에 창업을 하기 위해서는 창업 아이템을 정한 후 사무실 공간을 만들어야 했으며 회사가 성장함에 따라 좀 더 넓은 곳으로 이동해야 했다. 따라서 자원과 접근성 등의 한계로 창업을 시작하기 위한 조건이 매우 어려웠다. 그러나 업무환경이 자유로워지면서 공간이나 인력과 같은 자원 문제가 해결되기에 창업은 이전보다 진입장벽이 낮아졌다.

일례로 서울시는 창업센터를 메타버스 플랫폼인 '제페토' 안에 구축하여 창업을 원하는 사람들을 입주시키고 사무실뿐만 아니라 회의룸이나 콘퍼런스 홀까지도 만들어 투자유치나 제품 홍보 등의 행사도 진행하게 하였다. 이는 대형 무역센터나 호텔 등의 전시홀에서 개최되던 행사를 그대로 가상공간에 가져온 것으로 전시공간 임대나 전시부스 설치를 하지 않아도 되어 비용을 절감할 수 있다.

자산의 기준이 실물자산에서
가상자산으로 변화한다

가상화폐를 둘러싼, 자산으로서의 가치에 관한 의견은 분분하다. 비트코인이나 이더리움과 같은 다양한 알트코인은 기존 통화와의 교환가치 변동성이 커서 한편으로는 위험자산으로 인식되기도 한다. 현재 각국 정부에서는 가상화폐를 신용화폐로 인정하지 않고 있다. 따라서 가상화폐라는 말보다는 가상자산이라는 말을 사용하도록 하고 법률권에서는 보다 엄격하게 규정하여 가상증서라는 단어를 사용하고 있다. 그럼에도 불구하고 2, 30대를 비롯한 많은 사람들이 가상화폐에 투자하고 있으며 이 외에도 블록체인 기술을 메타버스 내의 수익모델과 접목한 다양한 거래가 이루어지고 있다. 이러한 활발한 거래로 현재는 가상화폐와 가상자산의 두 용어가 혼재되어 범용적으로 사용되고 있다. 메타버스 내에서의 가상화폐는 가상공간 내의 부동산 거래와 임대, 게임 및 아이템 판매 등에 다양하게 사용되며 실물화폐처럼 현금으로 환전할 수도 있다.

　　최근 블록체인 기술의 적극적인 활용으로 메타버스 내에서 경제활동이 점차적으로 활발해지고 있다. 가상공간에서 거래할 수 있는 품목도 예술작품, 사인 CD, 땅과 건물 등 점차적으로 다양해지고 있다. 최근에는 블록체인 기술이 접목된 예술품이 큰 금액으로 거래가 되었다는 소식도 자주 들린다. 뉴욕 크리스티 경매에서 블록체인 기술이 접목된, JPEG 형식으로 된 디지털 그림 하나가 6930만 달러(약 780억 원)에 거래가 되었다. 고가의 물건들은 위변조의 위험이 있는데 블록체인의 분산저장 기술은 이러한 위험을 제거함으로써 신뢰의 가치를 제공한다. 따라서 예술품이나 창작물을 유통하는 데에 있어 거래자와 구매자 간의 신뢰도를 높이므로 앞으로 더 많은 이들이 참여하여 거래가 활성화될 것으로 예상된다.

　　디지털 부동산을 거래하는 경우 소액으로 유명한 지역의 부동산을 구매하여 현실과 똑같이 건물을 짓고 다른 사람에게 임대도 할 수 있다. 현실과 달리 몇 억이 아닌 몇천 원으로 중심 상업지의 부동산을 거래할 수 있으며 취득세를 납부하거나 허가 등을 받지 않아도 되어 특별한 지식이 없어도 쉽게 거래할 수 있다.

이렇듯 메타버스라는 공간은 누구나 쉽게 디지털 자산을 거래하고 투자할 수 있는 환경을 조성하는 데에 기여했다고도 할 수 있다. 기존에는 부동산이나 예술품 투자에 부를 축적한 사람, 핵심정보가 있는 소수만 참여할 수 있었지만 메타버스를 통해 제도적 이해가 부족하거나 소액을 보유하고 있더라도 쉽게 접근하고 투자할 수 있게 되었다. 참여자가 더욱 늘어나고 이를 지원하는 각종 서비스와 제도가 보완되면 디지털 자산도 하나의 완전한 자산으로 부상할 것이다.

수평적 권력구조

평등한 사회, 노력한 만큼 인정받는 사회는 모두가 지향하는 이상향이다. 메타버스는 젊은 세대를 중심으로 이루어지고 있는 새로운 세계인 만큼, 이곳에서는 기존에 형성된 인맥이나 학벌 등은 사라지고 새롭게 자신만의 창의성이나 실력으로 인정받을 수 있다.

가장 완벽하게 보존되어 있는 자연 생태계는 다양한 개체들이 조화롭게 구성되어 있는 곳이다. 메타버스 세계 또한 누구나 차별받지 않고 참여할 수 있으며 다양한 캐릭터가 자신만의 개성과 실력을 자유롭게 발휘할 수 있는 사회적 공간이다. 따라서 '얼마나 다양한 사람들이 참여하는가'가 수많은 메타버스 플랫폼의 순위를 결정하게 될 것이다. 유튜브가 공중파 티브이에서는 다루지 않았던 평범한 사람들이나 소외된 사람들의 이야기로 다양한 콘텐츠를 제공하고 있는 것처럼, 다양한 사람들의 참여는 메타버스 공간을 풍요롭게 만들 수 있다.

직급을 벗어나 자유롭게 소통하고 정치적 판단 없이 필요한 일을 자발적으로 진행한다. 코딩과 같은 전문적인 기술을 보유하지 않아도 제작에 참여할 수 있으며, 환경을 스스로 선택할 수 있다. 이러한 메타버스 환경은 현실의 노동구조보다 합리적이고 효율적이며, 무엇보다 누구도 소외되지 않는다. 아이디어가 소비재가 되고 자본이 되는 공간 속에서 판매자와 소비자의 경계가 없는 자유로운 시장이 능력을 가진 사람에게 새로운 가능성을 제공할 것이다.

ESG(환경, 사회, 지배구조)의
실현

기후변화로 전 세계의 위기가 고조되면서 ESG를 기반으로 한 경영체제가 모든 조직에 도입되고 있다. ESG는 환경Environment, 사회Social, 지배구조Governance를 뜻하는 말로 재무적인 성과로 기업의 미래가치를 판단하는 이전 방식과는 달리, 환경, 사회적 책임, 지배구조 개선을 고려한 경영 방식이 기업의 지속가능성과 연결된다고 보는 새로운 기업평가 방식이다. 이는 지구 온난화로 전 세계적인 기후위기를 겪으면서, 금융기관의 투자기준이 기업이 투명하고 윤리적인 방식으로 수익을 창출하고 있는가를 새로운 기준으로 삼으면서 대두되기 시작하였다.

우리나라는 2050 탄소중립Net Zero을 목표로 하고 있으며, 유럽 국
가들은 탄소세 도입을 추진 중이다. 메타버스 가상공간에서 다양한
활동을 할 수 있게 되면 이동이 줄어들어 탄소배출 저감에 기여할 수
있다. 과거 인터넷의 발달로 이메일과 전자문서가 사용되면서 종이
사용량이 절감된 것처럼, 메타버스의 활성화가 교통수단의 이용량을
감소시켜 환경오염 방지에 일부 도움이 될 것이다.

또한 메타버스 플랫폼을 활용하여 영세한 농민들의 생산물 판매
문제를 개선할 수도 있다. 중소 도시나 지방 도서 산간의 농촌 지역을
가상공간에 그대로 구현하여 각 지역에서 생산하는 농산물을 판매할
수 있도록 소비자와 직접 B2B 유통망을 구축할 수도 있다. 이는 중간
유통을 생략함으로써 마진을 높이고 소비자에게는 보다 신선한 제품
을 제공할 수 있다는 측면에서 거대 유통 기업이 농산물의 가격을 좌
지우지하는 독점구조 해결이 가능하다.

지속가능발전목표와
메타버스

지속가능발전목표SDGs: Sustainable Development Goals는 UN 총회에서
2030년까지 달성하기로 한 전 세계적 공통의제이다. '2030 지속가능
발전의제'라고도 하는 지속가능발전목표는 '단 한 사람도 소외되지 않

SDGs의 17가지 의제
출처: https://commons.wikimedia.org/wiki/File:1._TIMES_17_UN_SDG1.png

는 것Leave no one behind'이라는 슬로건과 함께 인간, 지구, 번영, 평화, 파트너십이라는 5개 영역에서 인류가 나아가야 할 방향성을 17개 목표와 169개 세부 목표로 제시하고 있다.*

　17개의 목표 중에 메타버스의 발전과 함께 달성될 수 있는 목표는 3가지 정도이다. 물론 제3세계의 경우 메타버스를 위한 하드웨어(5G, 최신 휴대폰, 각종 디바이스 등)가 당장에 보급되기는 어렵겠지만, 메타버스가 가지고 있는 장점을 적용시킬 수는 있다. 무엇보다 세계가 선으로 나아갈 수 있다는 희망을 가지고 작은 목표부터 달성하는 것이 중요하다.

---

*　지속가능발전포털(http://ncsd.go.kr)에서 우리나라의 국가지속가능발전목표(K-SDGs)와 UN의 지속가능발전목표(UN-SDGs)의 내용을 확인할 수 있다.

4장. 메타버스를 통해 바라본 인류의 미래

① 첫 번째 목표: 빈곤 종식

세계 빈곤율은 2000년 이래 절반으로 줄어들었지만, 아직도 개발도상국에서는 1명이 하루 1.9달러 이하의 생활비로 살고 있다. 빈곤은 평범한 삶을 보장하기 위한 수입과 자원의 부족을 포함하여, 모든 결핍을 의미한다. 기아와 영양실조, 교육과 생활 서비스의 제한, 사회적 차별, 의사결정 참여의 제약 등이 모두 포함되는 개념이다.

특히 교육의 경우 현재 2억 6500만 명 이상이 학교를 중퇴했고, 이 중 22%는 초등학생이다. 문맹 퇴치를 위한 기반은 마련되었지만, 전 세계적으로 6억 1700만 명의 청소년들에게 기본적인 계산능력과 읽는 능력이 결여되어 있다고 한다.

메타버스는 가상세계에서 나보다 뛰어난 나를 만들 수 있다. 마치 게임 캐릭터와 비슷하지만 실제 사회적 기능까지 가능하다. 가상세계에서 기아나 영양실조를 직접적으로 지원할 수는 없지만, 교육이나 사회적 차별, 의사결정에 관한 것이라면 충분히 가능하다.

이미 많은 국가에서 실행되고 있는 온라인 교육은 오프라인 교육에 비해 규모의 경제를 고려하지 않아도 되므로 인구가 적은 국가의 아이들에게는 큰 도움이 된다. 학교에 가기 위해 3시간씩 이동하다 보면 아이들의 학구열은 낮아질 수밖에 없다. 지역 이동 시의 자연적인 위협 또한 위기상황으로 볼 수 있다. 기존에는 학업 내용을 한 반의 아이들만 공유했다면, 메타버스 세계에서는 인원의 제약이 사라지게 된다. 메타버스를 통한 교육은 개발도상국이나 후진국일수록 훌륭한 대안이 된다.

사회적 차별은 보통 인종, 성별, 지위 등에서 발생하게 되는데, 가상세계는 현실세계와 그 양상이 동일하지 않다. 가상세계에서는 실제세계의 '나'를 지우고 새로운 '나'를 내세울 수 있다. 사회적 차별로 인해 가입하지 못하던 사적 모임에도 가입할 수 있고, 의사결정에서도 똑같은 인간으로서 존중받을 수 있는 기회를 가진다.

여성 및 소녀들에게 교육과 양질의 일자리를 제공하고, 그들의 정치적, 경제적 의사결정 과정 참여를 높이는 데에 성을 배제한 가상세계에서의 활동이 도움을 줄 수 있다. 특히 제3세계의 소녀들에게 가상세계를 통한 의사결정이 가능하며 더 큰 세상이 있음을 알게 해주어야 한다. 이런 새로운 인식이 그들의 권익신장에 무엇보다 큰 도움을 줄 것이다.

② 여덟 번째 목표: 좋은 일과 경제적 성장

메타버스를 구축하기 위해 기반시설을 늘리는 과정에서 회복력 있는 사회기반시설 구축, 포용적이고 지속 가능한 산업화 증진과 혁신 도모는 반드시 고려되어야 한다. 전 세계 인구의 16%는 광대역 이동통신망에 접속하지 못하고 있으며, 많은 개발도상국에는 정보통신기술, 전력 등의 기반시설이 부족하다. UN에서는 소외 없는 세상을 만들기 위해 첨단 제품과 모바일 서비스 투자에 초점을 맞추었다. 만약 개발도상국에서 일부 산업에 투자가 가능하다면 메타버스를 가능하게 하는 산업을 선택하는 것도 해답일 수 있다. 그렇게 된다면 완전하고 생산적인 고용과 모두를 위한 양질의 일자리 증진이 이루어질

것이다. 새 일자리는 메타버스 기반 산업을 통한 일자리가 첫 번째,
메타버스 안에서의 새로운 일자리가 두 번째가 될 수 있다.

메타버스 가상세계 안에서는 경제적 활동이 가능하다. 4차 산업
이라 할 수 있는 메타버스 안에서 일자리는 매우 다양해지고 저소득
층이 진입 가능한 새로운 시장도 열릴 것이다. 4차 산업에서 생겨나
는 일자리와 그에 따른 소득은 자연스럽게 메타버스 안에서의 소득
관리, 저축 등이 가능하게 한다. 이는 우리가 가지고 있던 전통적인
경제적 시스템을 전환할 수 있게 하는 새로운 해결책이 될 것이다.

③ 열일곱 번째 목표: 목표 달성을 위한 파트너십

지속 가능한 목표를 위해서는 정부, 민간, 시민사회 간의 협력이
최우선이다. 모두가 공동의 목표를 잡고 파트너십을 발휘하여 약속을
이행하도록 촉구해야 한다. 하나의 지구에 살고 있는 같은 사람들로
서 선진국에서는 경제적인 투자가 필수적이고 개발도상국에서는 정
치적인 동의와 감시 아래 효율적인 사용이 필수적이다.

메타버스도 마찬가지이다. 최첨단 기술과 인프라를 가지고 있
는 나라와 기업에서 메타버스의 가능성을 인지하고 개발도상국에 대
한 투자를 함께 진행해야 한다. 기업 자원의 일부를 개발도상국에 투
자하게 되면, 장기적으로는 메타버스 사용자 유입으로 치환이 가능
하다.

3.
새로운 직업의 등장

지난 역사를 돌아보면 산업혁명이 새롭게 이루어질 때마다 사회 전반에 걸쳐 많은 변화가 일어났다. 새로운 기술이 산업에 적용되면 기존의 산업, 직업이 소멸하며 새로운 직업이 탄생하게 된다. 메타버스가 등장함으로써 많은 것들이 변화하고 있으며 새로운 직업이 유망 직종으로 등장할 것이다.

메타버스 내에서
근무할 사람 뽑아요

'메타버스에서 근무합니다.' 최근 일부 기업들이 채용공고를 올리며 내세운 조건이다. 근래 메타버스 플랫폼을 활용하여 근무하는 기업이 늘어나면서 코로나바이러스 사태 종료 후에도 근무를 비대면으로 하려는 기업들이 생겨나고 있다. 많은 직장인들이 업무 효율성이 떨어지는 주요 요인 중 하나로 직장 내 경직된 문화와 불필요한 보고, 회의를 꼽으면서 비대면 근무가 오히려 생산적이라는 시각이 지배적이 되었다.

현대자동차의 계열사인 현대오토에버는 신입사원을 메타버스 플랫폼에서 근무하도록 하였다. 직방도 영구 재택근무를 선언하면서 직원들에게 노트북을 지급하고 가상공간에 꾸며진 사무실에 아바타로 출근하여 업무를 보도록 하였다. 거리 두기 완화로 단계적 일상회복이 시작됨에도 불구하고 서울 강남에 있던 본사의 임대계약을 연장하지 않고 '메타폴리스'라는 메타버스 공간에 본사 사무공간을 만들어 앞으로도 계속적으로 가상공간에서 근무를 하도록 전환한 것이다. 이처럼 사무실을 아예 없애고 가상공간에서 근무하도록 하는 기업들이 점차적으로 늘어나고 있다.

최근엔 아예 메타버스 내의 아바타로 일할 직원을 뽑는 채용공고도 있었다. 디센트럴랜드에 구축된 카지노에서는 실적관리 매니저를 채용하는 공고를 내어 실제 현실에서 바텐더 경력이 있는 매니저가 풀타임으로 채용되었다. 이 사람은 메타버스에서 아바타로 근무하고, 급여는 가상자산으로 지급받을 예정이다.

앞으로 메타버스로 산업들이 몰려들면서 메타버스 내에서 일어나는 자체적인 일을 담당할 사람이 더 많이 필요하게 될 것이다. 이제 가상공간에서 근무하는 직업은 더욱 늘어날 것이다.

아바타 옷을 만들어
월 1500만 원을 버는 크리에이터

메타버스 플랫폼 제페토에서는 아바타 의상을 구매할 수 있다. 일반적인 평상복부터 코스프레 형태의 동물모양 옷까지 판매되고 있다. 일반적으로 디지털로 된 아바타 의상은 하나당 100원에서 350원 사이에 판매되고 있으며, 우리에게 익히 알려진 브랜드의 옷들은 몇천 원 대에서도 판매되고 있다. 이곳에서 아바타 의상이나 아이템을 디자인하는 사람을 크리에이터라고 부른다. 아바타 옷을 디자인하여 판매하고 있는 한 크리에이터는 수익이 지속적으로 증가하여 시작한 지 2년 만에 월 1500만 원을 순수익으로 벌게 되었다. 이는 제페토가 전 세계 약 2억 명의 이용자를 보유하고 있어 가능한 일이다. 이처럼 전 세계 사용자가 아바타를 꾸미기 위해 관련 아이템을 구매함에 따라 아바타 관련 용품을 판매하는 D2A^{Direct to Avartar} 시장이 빠르게 성장하고 있다.

아이템을 제작하여 수익을 창출하기까지의 과정을 살펴보면 다음과 같다. 이용자가 구매할 수 있는 아이템을 포토샵 프로그램을 활용하여 디자인한 후 제페토에 제출하면 2주간의 심사과정을 거쳐 제페토에서 승인 결과를 알려 준다. 승인과 동시에 판매가 진행되고 이용자 구매가 완료되면 플랫폼에 판매 내역 알림이 뜬다. 판매 수익의 72%는 제페토에서 홍보 및 플랫폼 제공 등의 명목으로 가져가고 나머지 28%를 크리에이터가 가져가는 것으로 수익구조가 구성되어 있다.

현재 제페토에는 구찌, 나이키와 같은 유명 브랜드들도 참여하여 다양한 아이템을 판매하고 있다. 이러한 아이템을 판매할 수 있는 플랫폼은 제페토 외에도 다양하다. 따라서 관심 있는 사람들뿐만 아니라 그래픽 디자이너 등 전문적인 직업을 가진 사람들도 아바타 아이템의 제작, 판매활동에 참여하는 등 점차적으로 하나의 시장으로 성장하고 있다.

가상공간 건축가

현재 메타버스 내에는 많은 공간들이 구축되고 있다. 회사와 학교, 영화관 등 실제 건물과 똑같은 건물들이 가상공간 안에 외형뿐만 아니라 내부 공간까지 유사하게 디자인되었다. 가상세계에 현실의 공간을 그대로 옮겨 놓거나 업무 또는 쇼핑공간으로 적합한 환경을 만들기 위해서는 현실에서와 똑같이 사용자 경험을 살려서 공간을 배치해야 한다. 따라서 메타버스 내에 건축을 하기 위해서는 건축에 관한 지식과 단순한 컴퓨터 그래픽 디자인 기술뿐만 아니라 디지털 설계 감각과 인테리어 감각도 함께 보유하고 있어야 한다.

최근 코로나바이러스로 인해 사람들이 밀집된 곳을 기피하게 되면서 가상공간에 모델하우스를 오픈하는 건설 회사들이 늘어나고 있다. 가상주택전시관에서 집의 내부 공간뿐만 아니라 벽지나 바닥재,

설치될 가구 등의 정보도 확인할 수 있다. 이렇듯 VR 기기를 비롯한 다양한 기술의 개발에 힘입어 가상공간은 사람들이 여러 목적으로 찾는 공간이 되었다.

가상공간에서의 건축물 구축은 현실과 달리 공간에 대한 제약이 없고 유지, 보수비용이 필요 없는 등 다양한 장점이 있어 점차 더 많은 기업들이 찾을 것이다. 교육기관에서도 가상공간 건축가에 관한 과정이 마련되어 교육 서비스가 진행 중이다. 앞으로 가상공간 건축가의 전문성이 점차적으로 고도화되며 시장의 수요에 맞추어 활발하게 활동하게 될 것이다.

연예인 역할 변화,
가상인물 전문 프로그래머가 나타난다

메타버스의 등장으로 가상공간 내에서 짧은 드라마 제작도 가능해졌다. 드라마의 주인공은 메타버스 내에서 활동하는 아바타로, 다양한 캐릭터를 만들어 등장인물로 출연시켜 한 편의 드라마가 완성된다. 메타버스 내의 드라마 상영은 이제 시작 단계로 대부분 10대들이 많이 시청하지만, 이러한 현상이 현재 광고 업계에서 진행되고 있는 가상인간 작업과 접목된다면 미디어 분야의 주인공은 인간이 아닌 가상인간으로 바뀔 것이다.

최근 유통 업계는 기업의 브랜드를 홍보하기 위해 가상인간 제작에 뛰어들었다. SNS에 올라온 사진 수만 장의 얼굴 표정과 동작들을 가상인간 정보에 입력하여 미세한 표정과 손동작까지도 사람과 똑같이 구현할 수 있다. 최근 싸이더스 스튜디오 엑스에서 제작한 '로지'가 전자제품 광고 출연 후 소비자들에게 좋은 반응을 얻자, 유통 업계에서는 이런 방식이 인기 연예인을 모델로 계약하는 것보다 비용적인 측면에서 훨씬 절감되고 효과도 높다고 판단하고 있다.

가상인간은 시공간의 제약이 없어 특별한 일이 없는 한 정해진 시간 내에 광고가 만들어지며, 인간과 달리 사생활에 관한 문제가 발생하지 않아 계약기간 내에 광고를 중단하는 일이 없다. 따라서 광고주 역시도 가상인간을 광고 모델로 사용하는 것을 긍정적으로 검토하고 있다. 가상인간 '로지'는 소속 회사에서 SNS 계정을 만들어 인간처럼 자신의 근황을 전하고 팬들과 소통도 할 수 있다. 가상인간에 대한 미디어 분야의 활용은 앞으로도 지속될 것이다. 또한 전문적으로 가상인물을 만들어 기업에 판매하는 시장이 조성되어 가상인물의 프로필이나 다양한 신체 표현 등을 전문적으로 메이킹할 수 있는 프로그래머들이 급부상할 것이다.

한편 이러한 변화는 연예인이라는 직업의 역할을 바꿀 것이다. 과거 좋은 배우가 되기 위해서는 연기력이 가장 중요했지만 앞으로는 독창적인 감각이나 가상인간이 구현할 수 없는 창의적인 특기 등을 보유하고 있어야 아티스트로서 성장할 수 있을 것이다.

메타버스
셀러브리티의 탄생

SK텔레콤이 운영하는 메타버스 플랫폼인 이프랜드는 메타버스 공간에서 활동하는 인플루언서 그룹을 운영하고 있다. 인플루언서influencer는 영향력이라는 뜻의 'influence'에 사람을 뜻하는 접미사인 '-er'을 합성하여 만든 단어이다. SNS에서 많은 팔로어follower(구독자)를 유치해 사람들에게 영향을 주는 사람을 의미한다. 이프랜드는 메타버스 플랫폼을 활성화시키기 위한 목적으로 50명의 인플루언서를 모집했는데 그 결과 수백 명의 사람들이 지원하였다.

시대의 변화에 따라 직업관이 변하면서 10, 20대들은 가장 되고 싶은 직업으로 유튜버를 꼽았다. SNS 시대가 도래함에 따라 이들이 기업과 사회에 미치는 영향력이 커졌기 때문이다. 인지도뿐만 아니라 수익도 일반 직업에 비해 높고 무엇보다 자신의 관심사를 직업으로 만들 수 있다는 점에서 선호되고 있다.

메타버스 플랫폼을 새로운 시장 창출의 기회로 바라본 기업들은 시장 우위를 점하기 위해 인플루언서를 앞세워 사용자를 유치하는 전략을 구축하고 있다. 유튜브와 인스타그램 등 SNS상의 인플루언서가 사람들에게 영향력을 미치는 것이 입증된 만큼 메타버스 내에서도 새로운 인플루언서를 육성한다는 전략이다. 이프랜드는 메타버스 내에 클럽을 만들어 인플루언서를 초대하고 화려한 스테이지 위에서 사용자가 함께 춤을 추고 노래할 수 있는 공간을 마련하였다. 사람들은 인플루언서들이 소유하고 있는 물건을 따라 구매하고 인플루언서들이 방문하는 식당에 가는 등의 모방행동을 한다. 따라서 메타버스 내에서 활동하는 인플루언서들의 행동이 사용자들에게 많은 영향을 미칠 것이다.

앞으로 메타버스 내에서 활동하는 인플루언서들의 역할과 파급력이 점차적으로 증대되면, 이들의 마케팅 효과와 전문성은 메타버스 플랫폼의 주요한 지표로 자리매김할 것이다.

5장

메타버스가 시사하는
현재

시간이 흐르며 인간의 삶은 계속 변화한다. 새로운 기술이 탄생하면 기존의 기술은 파괴되어 사라진다. 이제 메타버스가 우리 생활에 함께하게 되었으므로 우리는 기존의 것을 버리고 새로운 것을 받아들여야 한다.

메타버스는 모든 것을 해결해 주는 완전한 기술이 아니다. 메타버스를 완전하게 누리기 위해서는 다양한 환경들이 뒷받침되어야 한다. 메타버스가 앞으로 우리 삶에 계속 생활화될지는 아무도 정확히 알 수 없다. 그러나 분명한 것은 우리가 이미 디지털 시대에 살고 있다는 것이다. 기후변화가 일어난 갈라파고스 섬에서 멸종하지 않고 살아남은 생물들처럼 디지털 환경에 맞추어 적합한 소양을 갖추어야 도태되지 않고 살아남을 수 있다.

파도에 맞서지 않고 물결의 흐름을 느끼며 파도를 타는 자가 바다를 좋아할 수 있다. 변화하는 시대에 행복한 삶을 만들기 위해 어떠한 준비를 해야 하는지 알아보자.

1.
우리는 어디로 가고 있는 것일까?

우리는 과연 메타버스가 제공하는 디지털 사회에서 살게 될까? 현재도 메타버스에 관한 최신 기술들이 지속적으로 개발되고 있으나, 메타버스가 우리가 살아가는 또 하나의 현실이 되기 위해서는 앞으로도 개선해야 할 사항이 많다. 메타버스의 미래에 대한 사람들의 의견은 분분하다. 아래에서 메타버스 현상에 대한 두 가지 상반된 입장을 서술해 본다.

메타버스는 완전한 디지털 사회를
가져올 수 있을 것이다

세계지식포럼은 매년 개최되는 주요 행사로, 세계 최고의 전문가들이 모여 시대적으로 중요한 의제를 발표하고 토론하는 아시아 최대의 지식의 장이다. 최근 개최된 2021년 세계지식포럼은 오프라인과 메타버스 플랫폼에서 동시에 진행되었으며, 참여의 활성화를 위해 메타버스 내에서 진행되는 세션에 참석하면 가상자산을 지급하는 이벤트를 열기도 했다. 한국과학기술원KAIST도 온라인 국제포럼을 메타버스를 활용하여 진행하였다. 전 세계에 흩어져 있는 전문가들이 메타버스 안에서 주요 연사로 참여하여 의제에 관해 발표하고 토론하는 시간을 가졌다.

코로나바이러스로 인해 집단 모임이 위험하게 되면서 글로벌 행사들이 점점 메타버스에서 개최되고 있다. 메타버스가 시간과 공간의 경계선을 허물고 이전에는 불가능했던 것들을 가능하게 만들면서 처음에는 엔터테인먼트 분야나 트렌드에 민감한 기업에서 주로 사용했던 메타버스 행사가 협업과 지식 교류, 글로벌 교류 분야로 점차적으로 확대되고 있다.

일부 메타버스 플랫폼은 구글이 위성으로 촬영한 세계지도를 사용함으로써 인간이 다닐 수 있는 모든 길과 지상 위의 사물들을 가상 세계에 그대로 구현하였다. 이러한 가상공간 안에서 인간이 느낄 수 있는 모든 감각이 그대로 느껴진다면 메타버스는 현실을 능가하는 강력한 세계로 다가올 수 있을 것이다. 더욱이 메타버스 공간이 블록체인 기술과 완벽하게 결합된다면 개인정보 유출, 위작이나 중복 투표 등의 문제가 해결됨으로써 더욱 안전한 사회가 구현될 것이다.

한편 소프트웨어정책연구소에 따르면 인터넷 시대에는 키보드,

터치 방식을 활용하였으나 메타버스 시대에는 음성, 동작, 시선 등 오감五感 활용으로 진화함으로써 이용자 간의 상호작용이 더 강화될 전망이다.

메타버스를 실현하기 위해 우리나라 정부는 2025년까지 2조 6000억 원을 투자해 메타버스를 비롯한 블록체인 등 초연결 신산업을 육성하기로 했다. 지원대책을 마련하기 위한 회의 역시도 SKT의 메타버스 플랫폼 이프랜드의 가상 회의장에서 진행하였다. 이러한 정부의 지원과 정책 수립으로 메타버스 기술을 보다 빨리 상용화시킬 수 있을 것이다.

과학기술 인터넷 뉴스 사이트인 퓨처리즘Futurism은 2038년엔 완전한 몰입형 가상현실과 증강현실 기술이 나타날 것이라고 예측하였다. 따라서 앞으로 메타버스의 대중화와 함께 가상현실 속에서 새로운 사회가 형성될 것이다.

메타버스는 유행처럼 흘러가는
일시적인 현상이다

메타버스가 가속화를 달리게 된 것은 코로나바이러스로 인해 비대면 생활이 권장되면서 대부분의 일상생활이 플랫폼으로 진행되었기 때문이다. 많은 사람들이 이전처럼 마스크를 벗고 어느 공간에서나 자유롭게 모임을 갖고 대화를 하는 일상을 기다리고 있다. 대부분의 사람들은 거리 두기, 모임제한의 한계를 인식한 것이 사실이다. 따라서 코로나바이러스 상황이 어느 정도 해결되면 대부분의 생활이 원래대로 돌아가 가상공간에서의 활동은 지극히 일부만 진행될 것이다. 물론 새로운 기술과 풍부한 콘텐츠가 사람들에게 색다른 경험을 제공하므로 사람들은 메타버스에 접속하여 재미를 느낄 것이다. 그러나 현실에서 충분히 가능하다면 사람들은 직접 경험하고 실제를 바라볼 수 있는 현실을 택할 것이다.

메타버스가 우리의 일상을 대체하기 힘든 가장 큰 이유는 반드시 착용해야만 하는 관련 기기이다. 메타버스 플랫폼에 접속하여 다른 사람과 협업을 하고 몰입력을 높이기 위해서는 VR 기기 등 추가적인 도구를 사용해야 한다. 현재 다양한 VR 제품들이 출시되어 있지만 신기술이나 게임을 즐기는 사람들을 제외한 대부분의 사람들은 VR 기기를 구매할 필요성을 느끼지 못하고 있다. 모두가 VR 기기를 지니기에는 한계가 있으며, 필수품이라고 생각하기 위해서는 현실에 없는 콘텐츠가 메타버스 플랫폼에만 존재해야 한다. 또한 필수적이라고 하더라도 현재의 VR 기기는 거추장스러운 탓에 지속적으로 이용하기에는 많은 불편함이 따른다. 따라서 이러한 불편함을 해결하기 위한 추가적인 연구개발이 필요한 상황이다. 즉 휴대폰이나 컴퓨터처럼 생활 속에서 사람들이 지속적으로 사용하는 기기가 되기 위해서는 대체할 수 없는 독보적인 기술과 더불어 편리함이 수반되어야 한다. 유튜브가 지속적으로 이용되고 있는 이유도 새로운 콘텐츠를 소비하고자 하는 사람들의 욕구를 채워 줌과 동시에 추가적으로 비용을 지출하지 않아도 기존에 보유하고 있는 휴대폰으로 접근할 수 있기 때문이다.

또한 메타버스 공간에서는 사람 간의 만남을 통해서만 느낄 수 있는 미세한 감정을 주고받을 수 없고, 신체적 접촉, 그날의 분위기 파악 등이 어렵다. 따뜻함, 편안함과 같은 정서적 만족을 느끼기에 아직 메타버스가 제공하는 오감은 제한적이다. 메타버스의 가상세계가 우리의 현실을 대체할 수 있을 것이라고 예측하기에는 아직 해결해야 할 문제들이 많이 남아 있다.

과거 인터넷 사이트에 모여 있던 사람들이 SNS로 이동하였듯이, 메타버스는 SNS의 일시적인 다음 플랫폼일 수 있을 것이다. 사용자들이 추가적인 기기 없이 가상세계를 즐기게 될 때까지는 메타버스의 상용화가 어려울 것이다.

2.
이면의 한계

익명성 뒤에 감춰진
범죄심리

메타버스와 같은 가상공간에서는 모두가 익명으로 활동한다. 익명성이란 어떤 행동을 한 사람이 누구인지 알 수 없는 것을 의미한다. 최근 온라인상의 회원가입 절차가 단순화되면서 개인정보를 입력하지 않아도 기존에 사용하고 있는 SNS 계정과 연계하여 회원가입이 가능하다. 제페토 역시 SNS 계정으로 가입이 가능함에 따라 추가적인 신분확인을 하지 않는다. 사용자는 신분이 가려진 채 활동하게 되어 비도덕적으로 행동할 수 있는 가능성이 있다. 범죄에 악용될 가능성도 무시할 수 없다.

인터넷이 처음 도입되었을 때와 마찬가지로 메타버스 공간에서도 익명성으로 인한 문제가 똑같이 대두될 수 있다. 가짜뉴스 확산이나 사기 판매행위와 같은 일들이 모두 자신이 누구인지 공개하지 않은 채 행동할 수 있기 때문에 나타나는 현상이다. 또한 사이버폭력으로부터도 자유로울 수 없다.

진정한 소통의
어려움

대화는 표정과 목소리 등을 통해 상대방의 감정과 상태를 이해하며 진행하는 것이다. 메타버스 공간에서는 아바타나 홀로그램 이미지를 통해 상대와 대화하기 때문에 깊이 있는 정서적 교감이 어렵다. 더욱이 10, 20대는 메타버스 안에서 활동하기 위한 부캐릭터를 만들면서 실제 모습보다는 자신이 원하는 모습을 반영하기에, 메타버스 공간 안에서 활동하는 사람들이 본래의 모습으로 진정성을 가지고 상대방을 대한다고 생각하기에는 무리가 있다. '원래 나의 모습'이 아닌 '되고 싶은 나'의 모습을 꾸며서, 보여 주고 싶은 모습만 드러내기 때문에 솔직한 대화나 조언을 얻기가 어려운 것이다. 이에 가상공간에서 처음 만나는 사람과의 관계는 주로 즐거움을 추구하기 위한 가벼운 관계나 특정한 목적을 달성하기 위해 만나는 사무적인 관계에 그칠 가능성이 높다.

보안의 위협

메타버스에 접속하기 위해서는 기존처럼 고유의 아이디와 비밀번호를 입력해야 한다. 그런데 만약 내 계정이 노출되어 도용된다면 어떻게 될까. 과거 뉴스에 피해사례로 보도된 사건처럼 나도 모르는 사이에 누군가가 나의 계정으로 접속한 후 나의 아바타로 다른 사람에게 접촉하여 거짓된 정보를 퍼뜨리고 심지어 금전적인 요청을 할 수도 있다. 나의 사생활이 노출되고 주변인까지도 피해를 볼 수 있는 큰일이지만 아이디와 비밀번호만 알고 있다면 누구나 접속이 가능하므로 충분히 일어날 수 있는 일이다. 또한 계정을 통해 거주지, 주민등록번호 등 공개되지 않은 개인정보까지 알게 된다면 2차 피해는 불 보듯이 뻔하다. 실제로 2020년 8월 해커들이 로블록스를 해킹해 이용자들의 아바타를 도용하여 인종차별적인 메시지를 작성하고 아바타가 음란행위를 하도록 만든 사건이 있었다. 이러한 사건만 보더라도 메타버스의 보안 문제는 아직까지 보완될 필요가 있다.

일부 메타버스는 블록체인과 연계되어 가치를 교환하는 경제시스템이 작동하도록 구현되었다. 블록체인 기술은 데이터가 분산화되어 저장되기 때문에 누락이나 임의적인 수정이 불가능하다. 그러나 해킹으로 인해 그동안 쌓아 놓은 나의 디지털 자산이 순식간에 사라질 수도 있다.

서비스 업체들은 경쟁 업체로부터의 콘텐츠나 디자인 보호에 대해서도 적극적으로 방안을 마련해야 한다. 콘텐츠, 디자인, 스토리텔

링 등이 복제되지 않도록 상표권을 설정하고 관리해 나가야 한다. 특허권을 보장하고, 명확한 수익구조를 합의하여 창작물의 가치를 보장하고 창작자의 권리를 보호하는 시스템을 구축하는 일도 꼭 필요하다.

메타버스가 가상화폐 시스템과 결합되고 경제활동으로도 이어지면서 보안의 문제가 더욱 중요시되고 있다. 메타버스가 경계를 넘어 우리 삶에 정착되기 위해서는 이러한 디지털 보안이 철저하게 이루어져야 할 것이다.

개인정보의 저장으로 인한
사생활 침해

앞으로 메타버스는 관련 기술들의 지속적인 개발을 통해 인간의 생활 속에 밀접하게 스며들게 될 것이다. 수만 개의 센서가 달린 햅틱 기술, 온도 감지 시스템이 달린 슈트, 뇌 신경을 감지해 인간의 생각을 로봇 팔로 옮기는 기술 등 이미 실제로 개발되어 상용화 준비를 하는 기술들만 수십 개이다. 따라서 앞으로는 미세한 터치와 호흡 등 인간의 신체적 변화를 가상현실 속에서도 느낄 수 있을 것이다.

그러나 이러한 개인의 사생활과 신체정보가 개인의 의지와 달리 메타버스 플랫폼 안에 자동적으로 저장되고 수집되어 누군가가 이를 관찰하고 상업적인 일에 사용할 수 있다면 어떻게 될까? 내가 무엇을 했는지, 누구와 어떠한 대화를 나누었는지, 그 순간 나의 신체 변화가 어떠했는지 등이 기록된 데이터가 타인에게 공개된다면 자유롭게 살 수 있는 권리는 박탈될 것이다. 영화 〈마이너리티 리포트〉에는 사람의 생각을 영상으로 전송하고 파일로 저장할 수 있는 기술이 그려져 있다. 영화 속, 사회 전역에 정보통신망이 설치되어 개인의 행동이 관찰되고 신체 변화에 맞추어 개인별로 맞춤형 마케팅이 진행되는 미래 사회는 현재 우리 사회와 유사하다. 가입한 온라인 쇼핑몰의 회원정보가 다른 업체에 팔려 낯선 연락처로부터 스팸문자를 받아 본 경험이 있을 것이다. 이는 영화 〈마이너리티 리포트〉의 미래가 현실이 될 수 있음을 알려 준다.

메타버스 공간은 기존의 온라인 사이트와 달리 훨씬 다양한 개인의 정보를 기록할 것이다. 따라서 인간의 데이터가 남용되지 않도록 대비할 필요가 있다.

현실과 가상현실 간의 괴리로 인한
정서적 황폐화

가상공간에서는 새로운 사람을 만나서 소통하거나 가상의 자산을 구매하여 소유하는 것이 현실에 비해 상대적으로 쉽다. 나를 직접 드러내지 않아도 되고, 소액으로 원하는 아이템을 구매할 수 있어 부담 없이 원하는 모습으로 나를 바꾸고 다른 사람의 모습을 흉내 낼 수도 있다. 따라서 현실로 돌아왔을 때 가상현실과는 달리 복잡한 인간 관계나 물건을 소유하기 위해 커다란 비용을 지불해야 하는 상황 등이 사람에 따라서는 무겁게 느껴질 수 있다. 가상현실에서는 느껴지지 않았던 빈부격차의 문제나 개인이 처한 현실에서 해결해야 하는 문제 등이 더욱 어렵게 받아들여질 수 있는 것이다. 따라서 가상세계에 지나치게 몰입하는 행위는 현실에서 문제를 해결하기 위해 고민하고 노력하는 데에 어려움을 가져올 수 있다. 이동하고 싶은 공간, 만나고 싶은 사람만 선택할 수 있는 특성으로, 갈등 상황에서 문제의 원인을 고민하고 대화를 통해 상대방의 입장을 이해하려는 노력 등이 줄어들어 간편한 인간관계만 추구하는 경향이 높아질 수도 있다. 다른 사람을 통해 나를 돌아볼 수 없으므로 현실에서의 나의 모습을 점점 잊을 수 있는 것이다.

더욱이 메타버스를 이용하는 연령층의 대부분이 10, 20대임을 생각하면 중장년층에 비해 사고력, 판단력이 부족하여 가상세계와 현실의 명확한 경계를 인식하지 못해 역할 분리가 어려울 수 있다. 이용자의 완전한 자아가 정립되어 있지 않다면 정체성에 혼란을 가중시켜 정서적 불안감을 가져올 수 있는 것이다. 이에 현실의 감각을 잊지 않도록 적절한 휴식을 취하고 일상을 고려해 주변을 점검하고 챙길 필요가 있다.

디지털 사각지대에 놓인
소외계층

우리 사회에는 소외된 계층이 존재한다. 저소득층, 장애인, 노인, 다문화 가족 등 사회적 약자들은 하루하루 의식주를 해결하는 일도 매우 벅차다. 따라서 이들이 변화하는 트렌드에 맞춰 디지털 기기를 보유하고 있을 확률은 매우 저조하다. 한국정보화진흥원에 따르면 소외계층의 디지털 정보화 역량은 2018년 기준 전체 국민의 45.2% 수준으로 일반 사람들의 절반에도 미치지 못한다. 최근 코로나바이러스 사태로 비대면 사회가 되면서 이들을 한곳에 모아 놓고 교육을 한다거나 직접 방문하여 가르치는 것도 어려워졌다.

만약 메타버스 활용이 가속화되어 업무와 교육 등 주요 일상들이 가상공간에서만 진행된다면 디지털 정보에 대한 접근성이 떨어지는 이들과 그렇지 않은 사람들 사이에 정보의 격차가 더욱 심해질 것이다. 어려운 형편에서 가상현실에 자유롭게 접근할 수 있는 고사양의 컴퓨터나 VR 기기들을 구매하기 어렵기 때문이다. 이들이 열악한 상황을 극복하고 개선된 삶을 살며 후손에게 가난을 되물려주지 않기 위해서는 디지털 교육이 필수적이다. 그러나 이들의 현실은 생존의 기로에 서 있는 것과 다를 바가 없으므로 정부의 구체적인 디지털 복지가 제공되지 않는다면 빈부의 격차로 인한 양극화 현상은 이전보다 더욱 커질 것이다.

3.
우리는 무엇을 준비해야 하는가?

　새로운 기술이 등장함에 따라 사회는 그에 맞춰 변화한다. 과거 인터넷이 도입되면서는 편지가 아닌 이메일로 서신을 주고받게 되었고, 모바일 기기가 등장하면서는 휴대폰을 소지하는 일이 당연하게 된 것처럼 우리가 원하든 원하지 않든 혁신적인 기술은 결국엔 세상을 변화시킨다. 메타버스가 모든 분야에 걸쳐 확산되면서 사람들 사이에는 새로운 생활양식이 등장할 것이다. 비대면 사회가 익숙해진 현재 메타버스는 더욱 빠르게 생활과 연결되어 우리의 삶을 바꿀 것이다. 그러나 이러한 변화에 앞서 메타버스가 진정으로 인간에게 도움이 될 수 있도록 하는 기반환경을 마련하지 않는다면 개인도 사회도 혼란에 빠지게 될 것이다. 물론 하나의 새로운 시스템이 사회에 정착되기 위해서는 다양한 측면의 세부적인 사항들이 고려되어야 한다.

　따라서 우리는 새로운 변화의 가능성들이 우리의 삶을 편리하게 하고 사회를 발전시킬 수 있도록 예측 가능한 범위 안에서 사람을 중심으로 한 다양한 안전장치를 마련해야 한다.

위드 코로나와
디지털 사회

코로나바이러스가 확산된 지 벌써 2년여의 시간이 흘렀다. 전 국민 백신 접종률이 70% 이상 된 선진국들은 변이 바이러스가 지속적으로 발생하자 코로나바이러스가 완전히 종식되지 않을 것이라고 판단하고 마스크를 제외한 모든 것을 코로나바이러스 발생 이전의 상태로 돌아가게 하는 방침으로 변경하였다. 우리나라도 위드 코로나를 도입하고 백신 접종률을 높이며 새로운 방역체계를 점검하고 있다.

팬데믹은 일상에 제약을 주기도 했지만 한편으로는 단기간에 새로운 기술의 발전을 가져왔다. 사와다 야스유키 도쿄대 교수는 2025년까지 디지털 경제로 인해 전 세계 생산성이 4조 3000억 달러 이상 늘어날 것으로 예측하였다. 정교하게 제품을 소개할 수 있는 플랫폼들이 개발되면서 비대면 소비가 디지털 경제성장을 가져왔다. 더욱이 대체불가토큰NFT과 디파이(탈중앙화금융) 기술 등은 가상 자산의 안정성을 높이면서 가상공간에서의 구매를 촉진시킬 것이다. 고객정보에 빅데이터와 인공지능의 기술이 접목된다면 새로운 서비스 제공과 혁신적인 고객관리가 이루어질 것이다. 따라서 조직은 빅데이터를 기반으로 인공지능 시스템을 활용해 기획에서 생산, 유통까지 고객 요구에 부응하도록 비즈니스의 패러다임을 변화시켜야 한다.

창작물에 관한
소유권 인정

최근 미국에서는 메타버스 내에서 일어나는 저작권 침해 문제로 각종 소송이 이루어지고 있다. 미국의 전미음악출판협회NMPA는 로블록스에 약 2억 달러(약 2230억 원) 규모의 손해배상 청구소송을 진행하였다. 이는 로블록스 내에서 사용자들이 재생한 음악에 대해 저작권 침해 문제를 제기한 것이다. 전미음악출판협회는 로블록스에서 음악 이용에 대한 라이선스 계약 없이 무단으로 음악이 재생되어 창작자들의 희생과 저작권 침해가 발생했다고 하였다. 이 소송은 현재 진행 중으로 결과에 따라 판례가 형성되어 향후 메타버스 내에서 발생하는 저작권 침해 문제의 방향을 제시할 것이다. 현재 미국에서는 로블록스 이외에도 여러 기업이 이와 같은 저작권 문제로 법적 분쟁을 지속하고 있다.

법률에서는 저작물을 '인간'의 사상 또는 감정을 표현한 창작물이라고 규정함(저작권법 제2조 제1호)으로써 대상을 인간으로 한정하고 있다. 그러나 머지않아 메타버스에서 아바타가 인공지능 기술로 창작활동을 할 수 있는 가능성도 있으므로 대상을 인간에서 더 확대해야 할 필요성이 있다. 또한 메타버스 내에서 기업뿐만 아니라 개인도 다양한 아이템을 디자인하고 판매할 수 있게 되므로 고유 브랜드의 디자인과 상표에 대한 침해가 발생하지 않도록 상표권 도입도 필요하다. 다시 말해 가상세계에서도 퍼블리시티권, 상표권과 같은 고유 가치에 권한을 인정해 주는 제도가 구축되어야 한다.

새로운 기술에
낙오자가 발생하지 않도록 돕는 교육

메타버스에는 현재도 많은 산업군의 기업들이 참여하여 다양한 서비스를 제공하고 있다. 온라인 접속과 비대면 매체에 익숙한 새로운 세대들은 현실에서 직접 사람을 만나 대화하고 협상하는 것보다 텍스트 형태의 대화나 자신을 대신하는 아바타를 사용하여 상대방을 응대하는 방식이 더욱 익숙하다. 이에 조직에서는 가상현실의 세계를 동시적으로 구축하고 이를 통해 구성원들과 소통할 수 있는 준비를 해야 한다.

젊은 세대는 전반적으로 다른 세대에 비해 전자기기에 익숙하지만 같은 세대 내에서도 그렇지 않은 사람이 있을 수 있으며 또한 조직에는 다양한 세대가 함께 공존한다. 『하버드비즈니스리뷰』(2021)의 연구결과에 따르면, 적절한 프로그램이 마련되어 있다면 새로운 가상 업무환경으로 바뀌더라도 기존 일자리의 60% 이상은 기존 직원으로 채울 수 있으며, 이는 '해고와 채용'의 비용보다 훨씬 저렴하다고 하였다. 따라서 직원들의 기술 역량을 잘 파악하고 가상공간에서도 원활하게 협업할 수 있도록 정기적으로 새로운 기술을 활용하는 교육을 해야 한다. 메타버스 시대에 '원격근무'는 필수적이다. 물리적으로 함께 있지 않아도 다양한 기술을 적극적으로 사용함으로써 주요한 업무를 신속하게 진행할 수 있도록 지속적인 교육을 하는 것이 성패를 좌우할 것이다.

사람들이 찾게 만드는 콘텐츠, 감성이 느껴지는 경험의 장소

메타버스는 단순히 기술만을 의미하는 것이 아니다. 메타버스가 자주 이용되고 사회적으로도 지속적으로 조명되는 이유는 그 콘텐츠가 유용하다고 인식하는 사람들이 많기 때문이다. 사람들로 하여금 메타버스에 지속적으로 머무르고 싶은 마음이 들게 하기 위해서는 몰입력을 높일 수 있는 기술뿐만 아니라 사람들이 필요로 하는 다양한 콘텐츠를 개발해야 한다.

이장주 문화심리학자는 세상이 진보할수록 도구의 현재적 기능manifest function보다 문화적 상징으로서 잠재적 기능latent function이 더 중요해진다고 하였다(이장주, 2021). 사람들은 물건을 구매하면서 자신의 정체성을 확인하고 감성을 느끼고 싶어 한다. 경제가 발전함에 따라 물질의 풍요로움 속에서 정보가 개방되고 교육을 통해 사람들의 의식 수준이 높아지면서 선택의 이면에는 가치관이 반영되기 시작하였다. 그 가치관은 개인의 경험 속에서 나타나기도 하고, '나'의 중심에서 나아가 다른 것에 영향을 미칠 수 있는 것으로 형성되기도 한다. 어떤 사람들은 기부에 동참하거나 친환경적이고 사회에 환원될 수 있는 소비패턴을 취하고 있다. 기업은 이러한 소비자의 변화를 고려하여 ESG를 새로운 패러다임으로 인식하고 기업뿐만 아니라 고객, 이해관계자 모두에게 이익이 될 수 있는 경영전략으로 삼아 새로운 성장 기회를 모색하고 있다.

이러한 시대적 변화 속에서 메타버스가 하나의 세계관으로 나아가기 위해서는 최첨단 기술 속에 다양한 가치관이 반영된 문화가 형성되어야 한다. 물론 사회적 규범의 범위를 벗어나서는 안 된다. 이렇게 형성된 문화가 시간의 흐름에 따라 사람들이 공감하는 이야기를 덧입고 계속적으로 새롭게 재탄생된다면 메타버스는 사람들과 공존해 가는 또 하나의 공간으로, 또 하나의 지구로 인식될 것이다.

기술이 사람을 해치지 않는
윤리제도 구축

메타버스는 우리에게 자유와 편리함을 가져다주지만 한편으로는 여러 가지 부작용을 가져올 것이다. 만약 이러한 부작용에 대비하지 않는다면 인간은 오히려 기술 발전의 그늘에서 침체될 것이다. 따라서 기술의 폐해가 발생하지 않도록 법과 제도적 장치 또한 마련해야 한다.

최근 이슈로 떠오른 부작용 사례로 디지털 휴먼 '이루다' 사건이 있다. '이루다'는 20대 여대생 가상인물로 최근 이루다를 향한 음담패설과 성희롱 문제가 불거졌다. 이에 이루다는 인간이 아니므로 성희롱 대상의 조건이 성립하지 않는다는 의견이 존재했다. 그러나 이런 의견은 인간이 아닌 존재에게는 차별과 혐오를 표현해도 된다는 주장이기도 하다. 가상인간은 다양한 목적으로 개발되고 있고 미래에는 가상인물이 사람의 역할을 대신하여 활동할 것이다. 따라서 가상공간 내 도덕과 윤리가 명확하게 정립되지 않는다면 이러한 문제는 더 큰 논란으로 이어질 수 있다. 또한 현재 메타버스의 주요 이용자가 10대인 점을 감안하면 이용자를 보호하기 위한 제도는 더욱 필요하다. 가상공간 내에서 건전한 의사소통이 이루어지는 건강한 문화를 조성하지 않는다면 메타버스는 정상적인 기능을 상실하게 될 것이다.

유럽연합은 인공지능 기술로 인한 윤리 문제를 방지하기 위해 「신뢰할 수 있는 인공지능 가이드라인」을 만들었다. 이 가이드라인의 1장에는 '인간 존중의 윤리 원칙을 준수하는 방식으로 인공지능 시스템을 개발, 배포 및 사용할 것'이라고 명시하면서 모든 활동의 근원이 인간을 중심으로 진행되어야 함을 제시하고 있다. 이 외에도 이 가이드라인에는 다양성, 차별 금지 및 공정성 등에 대한 내용이 담겨 있으며 인간 고유의 권리와 윤리를 위해서만 기술이 존재함을 표명하고 있다. 즉 다수의 자유로운 참여를 통한 불평등 해소와 같은 초기 가상 세계 도입 목적을 지키기 위해서는 윤리적 기준과 상식의 범위를 반드시 정립해야 한다.

디지털 경제에 적합한
세제 개편

메타버스 공간에서는 창작물을 만들어 파는 상거래와 투자를 통한 수익 창출이 가능하다. 앞으로 더 많은 조직과 사람들이 참여하는 더욱 활발한 경제활동이 이루어질 것이다. 현재까지는 메타버스 공간에서 벌어들인 수익에 대한 과세체제가 마련되어 있지 않다. 메타버스 수익을 노동 수익으로 볼 것인지 기타 수익으로 볼 것인지에 대한 기준이 먼저 정립된 후 과세체제가 마련될 것이다.

그러나 과세제도 구축에 선행되어야 하는 것은 메타버스 산업에서 발생한 피해의 손실 보호제도이다. 플랫폼 경제가 활성화되면서 가상세계로 노동이 이동하게 되면 현실에서보다 불안정한 노동 구조가 적용될 가능성이 높다. 플랫폼 일자리의 양이 점차적으로 늘어나고 있는 만큼 플랫폼 시장에 참여하는 투자자와 노동자의 권리를 보호한 후 그에 대한 대가로서 과세를 해야 수용이 가능할 것이다. 이는 메타버스가 하나의 산업으로 발전하기 위한 필수 과정으로 관련 제도 정비와 함께 재투자 관점에서의 과세제도도 새롭게 마련되어야 한다.

사회와 공존하는
플랫폼 시장

최근 카카오의 독과점 문제가 커다란 이슈로 대두되고 있다. IT 스타트업에서 대기업으로의 급속한 성장 아래 대리운전, 택시, 꽃 배달, 헤어숍 등 일반 시장으로까지 사업을 확장하면서 기존 시장 구성원들과 골목상권 침해 문제로 마찰을 빚고 있다. 카카오는 불과 10년 만에 국내 최대 기업으로 성장하며, 4차 산업혁명을 대표하는 혁신 기업으로 평가받았으나 최근 소상공인들과 영역 침해에 관한 갈등을 빚으면서 독점 기업으로 순식간에 평가 절하된 것이다.

한때 네이버 역시 이러한 상황을 겪은 바 있다. 정보통신 기술의 발달로 소비자의 구매가 오프라인 시장에서 온라인 시장으로 옮겨 가면서 사람들이 온라인 포털 사이트에 몰려들자 온라인 서비스 업체들이 소상공인 영역으로까지 사업 확장을 진행한 것이다. 이러한 과정에서 정부의 규제로 인해 사업을 접었지만 카카오 역시 비슷한 과오로 우려를 사고 있다. 현재 카카오 외에도 배송 서비스 업체인 쿠팡, 배달의 민족 역시 플랫폼 영역을 넘어 중소상인이 사업하던 영역에서 자사 상품을 출시하면서 갈등을 일으키고 있다.

메타버스 또한 카카오, 네이버와 유사한 하나의 플랫폼으로서 이들 기업이 범한 오류를 답습할 가능성이 있다. 메타버스는 단순한 가상세상이 아니라 시공간을 초월해 우리가 살아갈 일상을 제공하게 될 것이다. 승자독식 구조인 플랫폼 시장에서 메타버스는 사람들이 자연스럽게 몰리며 기존 시장을 대체할 수 있는 영향력을 가질 것이므로 정부의 선제적인 규제가 없다면 똑같은 사회적 문제가 반복될 것이다.

메타버스 플랫폼은 현실의 한계를 극복하고 기존 영역을 대체하면서 성장하고 있으나 그 안에는 반드시 사회적 책임이 내재되어 있어야 한다. 미국 의회가 '아마존 독점 규제법'을 발의한 것처럼 메타버스 플랫폼 역시 성장하는 과정에서 지역 상권과 상생하고 서민 계층과 공존할 수 있도록 선제적인 규제가 필요하다.

그들이 사는
세상의 이해

"메타버스는 융합이다. 메타버스는 가상적으로 확장된 물리적 현실과 물리적으로 영구화된 가상공간의 융합이다. 그리고 이용자가 그것을 경험할 때는 동시에 혼재돼서 나타난다."* 이 정의에서 메타버스는 3차원 가상공간에 '현실'을 더하여 그 범위가 확장되고 있다. 즉 메타버스는 가상과 현실이 끊임없이 상호작용 하는 공간이다. 여기서 끊임없는 상호작용이란, 데이터를 통해 가상의 공간이 확장되고, 수정되는 현상을 의미한다. 현실에 있는 사용자가 가상의 공간을 다

---

* J. M. Smart, J. Cascio and J. Paffendorf, "Metaverse Roadmap Overview", Acceleration Studies Foundation, 2007.

양하게 활용하기 원할 때 가상공간을 만드는 IT 엔지니어의 활용법을 고안하는 것과도 관련된다.

미국 10대들은 모바일 게임 플랫폼인 '로블록스'에서 가장 많은 시간을 보낸다고 한다. 이 안에서 아바타를 만들어 학교를 가고 놀이동산도 만든다. 게임 안에서 스스로 게임을 만들 수 있고, 가상화폐로 거래 또한 가능하다. 실제로 플랫폼 안에서 1억 이상의 연봉을 창출한 가입자가 30만 명이 넘는다. 특히 2020년부터 전 세계를 장악한 코로나바이러스 때문에 더 많은 아이들이 가상의 공간에서 자신들만의 세계를 건설하게 되었다.

메타버스가 확장된 원인에는 여러 가지가 있으나 그중 전 세계적 팬데믹과 AR, VR 등의 기술진보, 빅데이터의 사용 등이 대표적인 원인이다. 게임을 통해 메타버스에 입문한 경우도 많은데 이들 중 상당수가 낮은 연령대에 있다. '유스' 마케팅이 미래의 산업을 결정할 것이다. 소비자로서 10대의 특징으로는 다음과 같은 것들이 있다. ① 편견과는 다르게 실질적인 구매력이 있어, 자신에게 필요한 상품을 직접 구매할 수 있다. ② 부모의 구매 결정에 가장 큰 영향력을 행사하여 가계 지출에 영향을 미친다. ③ 트렌드를 주도하여 소비문화의 흐름을 결정한다. ④ 가장 중요한 특징으로, 그들은 성장해 나가며 생애주기 동안 계속 소비하게 되는 미래의 주도적인 소비자이다.

초창기의 메타버스라고 할 수 있는 '싸이월드'만 하더라도 10대를 겨냥한 덕에 현재까지 부활의 논의가 활발하게 이루어진 사례라고 볼 수 있다. 가상의 공간인 미니홈피에서 자신의 미니미 캐릭터를 꾸미고, 상대의 미니홈피를 방문하는 형태였던 싸이월드는 당시 모든 10대들이 공유하던 SNS였으며, 근래 다수의 10대 사용자들이 성장하여 지난 데이터를 복원할 수 있는 경제력을 제공하게 되었다. 결국 젊은 사용자를 끌어들이고 그 사용자가 생애주기 동안 소비주체로 자리 잡게 하는 것이 중요하다고 볼 수 있다.

인문학적
소양 개발

디지털 공간은 무한한 정보의 세계이다. 각종 기관에서 제공하는 공개 데이터부터 불완전한 지식이 만든 가짜정보, 개인이 생산하는 주관적 판단이 결합된 글까지 무수히 많은 정보가 한꺼번에 섞여서 제공된다. 이러한 현실은 사람들에게 혼란을 주고 잘못된 판단을 내리게 한다. 더욱이 정보에 대한 정확한 판별력, 데이터 해석능력 등이 부족하다면 수많은 정보 속에서 사실과 진실이 들어간 정보를 가려내기는 더욱 어렵다.

4차 산업혁명을 의미하는 인공지능 기술이 사회 전 분야에 활용되면서 정제된 정확한 데이터가 더욱 중요해졌다. 인공지능은 빅데이터를 기반으로 구현되므로 정확한 데이터가 들어가야 그에 대한 결괏값도 정확하게 나오게 된다. 따라서 인공지능 시대의 핵심 역량은 문제를 정확히 인지하고 논리적인 사고를 통해 정확한 정보를 수집하여 창의력을 발휘하는 능력이다.

논리적 사고는 단시간에 갖추어지는 것이 아니다. 이 역량을 높이기 위해서는 문학, 역사, 철학의 지식을 오랜 시간 동안 꾸준히 쌓아야 한다. 문학, 역사, 철학과 같은 학문에는 오랫동안 다듬어진 인간의 사고와 실제로 일어났던 사실이 담겨 있기 때문이다. 이러한 지식이 쌓여야만 선과 악에 관한 기준이 생기며 옳음과 그릇됨을 구별하는 판단력이 생긴다.

인공지능 기술이 인간의 노동력을 대체하면서 인간에게 더욱 필요하게 된 능력은 창의력이다. 창의력은 상상력을 기반으로 다양한 분야의 지식이 융합될 때에 탄생한다. 즉 인문학을 구성하는 다양한 학문이 창의력을 만드는 밑거름인 것이다. 따라서 지능정보화 시대로 진입할수록 기술을 습득하기 이전에 인문학적 소양이 더욱 중요하다.

마치며

미래를 예측하는 것은 매우 어려운 듯 보이지만 사람들의 마음과 시각을 잘 살펴보면 앞으로의 미래가 어떻게 변화할지 알 수 있다. 그리고 변화의 추세를 잘 파악하여 사람들이 원하는 기술을 개발한다면 그 파급력은 실로 어마어마할 것이다. 메타버스라는 기술 집합체의 출현이 온라인과 오프라인의 경계를 무너뜨리고 시공간의 개념을 바꾸어 버린 것처럼 말이다.

영화 〈스노 크래시〉가 지금의 메타버스 기술에 많은 아이디어를 제공한 것처럼 유년시절 우리가 즐겨 보던 만화영화에는 이미 미래가 반영되어 있었다.

당신이 상상하던 그 미래

〈2020년 원더키디〉라는 TV 만화가 있었다. 1989년 방영된 이 만화는 2020년 폭발적인 인구증가, 자원고갈 위기, 날로 심해져 가는 환경오염 문제 등으로 심각한 생활고를 겪게 된 인류가 새로운 행성을 탐사하기 위해 우주선을 파견하며 생기는 일들을 그려 인기를 끌었다. 이미 2020년을 지난 현재, 인류는 새로운 행성을 찾았다. 바로 인터넷상에 존재하는 가상행성인 메타버스이다.

이제 우리는 메타버스 기술을 통해 여러 문제들을 간접적으로나마 제어할 수 있게 되었다. 이동하지 않아도 전 세계 사람들과 만날 수 있게 되었기에 온라인으로 교육, 업무, 여행 등을 진행하면서 이동 수단의 에너지 소비량을 줄여 자원고갈과 환경오염 우려를 줄이고 있다. 인류는 실제 새로운 행성을 찾는 것은 후순위 과제로 놓고, 지구 위에 가상공간을 만들기 위해 노력하는 중이다. 그러나 개발도상국들은 여전히 이와 같은 발전에서 제외되어 있다. 앞으로 이러한 국가 간 빈익빈 부익부 문제를 해결하는 데에 메타버스가 많은 기여를 할 수 있을 것이다. 1, 2차 산업을 주로 담당하는 개발도상국에서는 노동력을 통해 부가 축적되는 산업구조로 인해 상대적으로 지식의 중요성이 경시되고 있다. 이들 국가들의 특징은 새로운 지식을 흡수할 수 있는 경로가 차단되어 있어 정보가 단절되고 이것이 국가를 지속적으로 가난하게 한다는 것이다. 일정 수준의 네트워크, 디바이스를 보급하여 메타버스를 통해 교육과 질 좋은 일자리를 제공하게 된다면 빈곤, 일자리 부족과 같이 국가의 존립을 위해 반드시 개선해야 할 문제들이 어느 정도는 해결될 수 있을 것이다.

다음 번 원더키디는 몇 년도가 될까? 정확히는 모르지만 언젠가 가상세계에 염증을 느낀 사람들이 새로운 행성을 찾아 나설 것이다.

메타버스의 미래는 가상세계의 염증을 적절히 풀어 주는 데 달려 있을지 모른다. 사람들은 새로움에 열광하지만 어린 시절을 그리워한다. 메타버스의 사용자가 어린 시절을 그리워할 때쯤, 좀 더 현실적인 가상세계를 선보여서 위기를 극복하는 것이 다음의 과제라고 할 수 있겠다.

이제 가상에 대한 막연한 두려움, 미래에 대한 거리감을 버리고 메타버스를 우리의 삶으로 받아들일 때가 되었다.

2021년 12월

저자 일동

단행본

스티븐슨, 닐(2021), 『스노 크래시 1: 메타버스의 시대』, 남명성 역, 문학세
    계사.

논문

고선영·정한균·김종인·신용태(2021), 「메타버스의 개념과 발전 방향」,
    정보처리학회지, 28(1), pp. 7-16.

보고서

박지혜(2021), 「다가오는 메타버스 시대, 차세대 콘텐츠산업의 방향과 시사
    점」, 산업연구원.

이동훈(2021), 「지금은 메타버스에 올라탈 시간」, KB금융지주 경영연구소.

이승환·한상열(2021), 「메타버스 비긴즈(BEGINS): 5대 이슈와 전망」, 소프
    트웨어정책연구소.

기사

김동운, "메타버스, 금융권이 '열공'하는 이유", 쿠키뉴스, 2021. 08. 07.
(http://kukinews.com/newsView/kuk202108060187#_DYAD)

김태림, "하나은행, 메타버스 활용 시동… 전담조직 꾸렸다", 한경비즈니
스, 2021. 08. 07. (https://magazine.hankyung.com/business/article/202108067
067b)

슈와르츠, 댄(Schwartz, Dan)·가르턴, 에릭(Garton, Eric)·맨킨스, 마이클
(Mankins, Michael), "미래형 조직으로 거듭나는 법: 포스트 팬데믹을
대비하라", 하버드비즈니스리뷰, 2021. 09. (https://www.hbrkorea.com/
article/view/atype/ma/category_id/2_1/article_no/1752)

이보미, "'무궁무진한 세계' 메타버스 플랫폼 잡아라… 구글·네이버 등
국내외 빅테크기업 '각축전'['게임체인저' 된 메타버스]", 파이낸셜뉴스,
2021. 5. 30. (https://www.fnnews.com/news/202105301936552664)

이장주, "'새로운 우주' 각인을 위한 문화심리학적 전략", 동아비즈니스
리뷰, 2021. 03. (https://dbr.donga.com/article/view/1203/article_no/9980/ac/
search)